崩壞大漢史
——劉氏皇朝的日常鬧劇

朱耀輝 著

方士騙局×帝王奇行×巫蠱構陷×酷吏亂舞……
正史野史中最喧鬧的大漢，兩百年荒唐祕辛全揭密！

不正經小軼事，帝王將相的奇聞趣事
漢代史竟大翻車？！

殺太子、封五侯、追仙丹、寵飛燕……
權力、情慾與背叛交織的漢朝荒唐史

目錄

■ 第一章　帝王系列……………………………005

■ 第二章　朝廷砥石……………………………027

■ 第三章　文化盛宴……………………………051

■ 第四章　名士風流……………………………075

■ 第五章　德行操守……………………………097

■ 第六章　世間萬象……………………………117

■ 第七章　逐鹿四方……………………………139

■ 第八章　權柄智謀……………………………163

■ 第九章　黨錮群英……………………………183

■ 第十章　趣聞軼事……………………………203

目錄

第一章
帝王系列

　　中國的歷史上有個有趣的現象，但凡皇帝出世，史書上都會記載出現一些怪異現象，有出生時夢見紅光照腹的，那是朱元璋；有到處冒香氣的，那是趙匡胤；也有一出生就長麟角的，那是楊堅。唯獨劉邦較特殊，據說是由他母親和一條神龍交合而生，不巧的是，還被劉邦他爹撞見了。嘖嘖！劉老漢這頂綠帽子是戴定了。不過能被神龍戴上綠帽子，劉老爹也不算委屈了。

　　劉邦當亭長時，有一次呂雉和孩子正在田中除草，一老者經過討水喝，呂雉遞給他水，又給他飯吃。老者對呂雉說：「夫人天下貴人。」呂雉又讓他替兩個孩子看相，見了劉盈，說：「夫人所以貴者，乃此男也。」又為女兒看相，同樣也是富貴面相。老者走後，劉邦回來，呂雉將此事告知。劉邦問人去了哪裡？呂雉說還沒走遠。劉邦追上老者，老者說：「夫人嬰兒皆似君，君相貴不可言。」劉邦道謝：「誠如父言，不敢忘德。」後來劉邦果然當了皇帝。

　　替身這個職業由來已久。劉邦被項羽圍困在滎陽，身處於絕境時，找了個酷似劉邦的紀信出面向敵方詐降，而劉邦則從

小道得以逃遁。三國時期，曹操為了接待匈奴使者，曾找崔琰當替身。蔣中正也曾有個替身叫何雲。替身很苦命，老闆也無奈：沒辦法，誰讓我身價太高呢？出了事你負得起責任嗎？

劉邦在關中當了皇帝後，仍念念不忘自己的家鄉。有一次回家鄉，劉邦對沛縣父老兄弟說：「遠遊的赤子總是思念著故鄉。我雖然建都關中，但是將來死後我的魂魄還會喜歡和思念故鄉。而且我開始是以沛公的身分起兵討伐暴逆，終於取得天下，我把沛縣作為我的湯沐邑，免除沛縣百姓的賦稅徭役，世世代代不必納稅服役。」

劉邦當亭長時，呂公避難沛縣，舉辦宴會。沛縣官員紛紛前往祝賀。劉邦也去赴宴，被呂公暗中留意。宴後，呂公說，我會看面相，但是沒看過像你這麼相貌不凡的，我有個女兒呂雉，想把她許配給你。劉邦自然樂得同意。呂公的妻子很生氣，說，你以前說你這個女兒難得，一定要嫁個非常好的丈夫。沛縣縣令對你這麼好，你還不肯把女兒嫁給他，現在居然要把她嫁給劉邦？呂公說，這不是妳婦人家懂的事，之後堅持把呂雉嫁給劉邦。呂公果然沒有看錯人，劉邦最後得了天下。

劉邦平定英布叛亂後，途中路過家鄉沛縣，在老家多待了幾天。他在沛宮置備酒席，把當初的老朋友和父老兄弟都請來一起開懷暢飲。鄉民們還召集沛中兒童120人唱歌助興。酒到濃時，劉邦彈擊著築琴，唱起自編的楚歌：「大風起兮雲飛揚，威加海內兮歸故鄉，安得猛士兮守四方！」劉邦讓兒童們跟著學

唱,自己邊歌邊舞,熱淚盈眶。

劉邦有一次和韓信喝酒聊天,問韓信:「像我這樣的人能帶多少兵?」韓信回答:「您最多能帶十萬。」劉邦又問:「你能帶多少?」韓信傲氣十足地回答:「臣多多益善耳。」從那時開始,劉邦就開始對韓信有所戒備了。等劉邦打敗項羽、登基稱帝後,韓信的勢力被一再削弱;最後,韓信由於被控謀反,被呂后及蕭何騙入宮內處死。韓信的悲劇證明:高傲自大遲早會招來災禍,做人還是謙虛點的好。

劉秀和姐夫去拜訪當時的名士蔡少公,正好這一天蔡家高朋滿座。蔡少公對當時流行的圖讖頗有研究,一番高談闊論後,他說出了近來的心得:「將來劉秀必當天子。」有人問:「是當朝國師劉秀嗎?」座中的劉秀聽到這裡,說道:「怎麼不見得就是我呢?」滿堂賓客鬨然大笑。劉秀也不爭辯,逕自離去。然而,人的命運就是這麼不可捉摸。幾年後,劉秀還真當了皇帝。

漢武帝晚年性格多疑乖張,寵幸鉤弋夫人和其子劉弗陵。太子劉據因起兵造反失敗自殺,武帝想立劉弗陵為太子,但一直猶豫不決。一日,武帝命畫工畫了一幅周公背少年周成王的圖賜給了霍光。數日後鉤弋夫人犯錯,被武帝殺死。武帝的這一舉動不難理解,劉弗陵年幼,將來登基恐出現母強子弱類似呂雉臨朝稱制的局面,擾亂國家政治,所以只能將鉤弋夫人處死。武帝雖寵愛鉤弋夫人,但他更愛的是他的江山。

第一章　帝王系列

　　漢武帝到晚年後，性格大變，迷信多疑。先建明堂，後壘高壇。為了求得長生不老之術，武帝誤信方士，命人製造30丈高的仙人銅像，以搜集甘露和玉屑飲之，以求延年益壽。後來任用江充，最終釀成巫蠱之禍，逼死太子劉據和衛皇后，京城死亡數萬人。連年的對外用兵加上肆意揮霍，使得國庫空虛，漢朝大傷元氣，民不聊生，漢武帝不得不下「輪臺罪己詔」，公開向人民反省其罪過，以求人民的原諒。

　　劉邦稱帝後有一次率軍攻打匈奴，卻被40多萬匈奴騎兵圍困，在白登山被圍了七天七夜。劉邦慌了神，多虧陳平想出一條奇計，他賄賂匈奴首領單于的老婆並說道：我們漢朝有絕色美女，今天漢帝被困，已遣人回去迎接美女，準備獻給單于當小老婆。單于見了必然喜歡，那麼妳就得不到單于的寵愛了。不如趁美女未至，讓漢帝脫困，這樣美女也不會來了。單于老婆果然上當，遊說單于，劉邦才得狼狽脫圍。

　　整個西漢共有13位皇帝，只有四個皇帝有廟號，即太祖高帝劉邦，太宗文帝劉恆，世宗武帝劉徹，中宗宣帝劉詢。不要問我其他九個皇帝為何沒有廟號，這得去問光武帝劉秀，這個名單是他親自刪減的。

　　漢文帝劉恆崇尚節儉。為了減少宮裡的用度，文帝穿粗糙的絲織衣服，皇后都要親事蠶桑，寵妃慎夫人的衣裙上連繡紋都沒有，他自己更是常穿舊衣，不捨得隨便換新。文帝在位二十多年，宮室、園林沒有什麼增加。他修建自己的陵墓，要求從

簡，不許用金銀等裝飾，只能用陶瓦。他曾經想建個露臺，工匠說要耗費百斤黃金，文帝說百金等於中產人家十戶的產業，太多了，於是就不造了。

東方朔得不到武帝的重用，心中鬱悶，出城蹓躂，見到武帝很喜愛的一個侏儒。東方朔嚇唬他：你的死期要到了！侏儒不信，東方朔說：你這麼矮，做不了事，做不了官，打不了仗，活在世上無用，只能糟蹋糧食，所以皇上準備殺掉你。侏儒大哭。東方朔說：你不要哭，皇上就要來了，你到時去叩頭謝罪，也許皇上能放過你。一會兒，武帝乘輦經過，侏儒哭著向武帝磕頭。武帝問明情況後，問東方朔為何撒謊。東方朔答：這矮子身高沒我高，俸祿卻比我多。他飽得要死，我餓得發慌。陛下要麼重用我，要麼罷退我，不要讓我在這裡浪費糧食。武帝大笑，替他升了官。

漢景帝喜歡下圍棋，在他還是太子的時候，有一次和分封郡國的吳太子對弈圍棋。也許是景帝的棋藝太差，下了幾盤竟然屢戰屢敗，而對面的吳太子卻連贏幾盤，不禁有些得意。景帝惱羞成怒，操起棋盤，一下砸在吳太子的頭上，吳太子腦漿崩裂，當場斃命，這也為後來的吳楚七國之亂埋下了一個禍根。小小的棋盤之爭，竟然間接引發如此嚴重的後果，當然是少年時的景帝沒有想到的，衝動是魔鬼啊！

劉秀迷信讖記，多以它來決斷大事。桓譚上〈抑讖重賞疏〉，勸諫皇帝不應以讖緯來決斷事情，反對災異迷信，因而被降為

六安郡丞。當時神仙思想大行其道，統治者幻想長生不死，桓譚著〈新論形神〉篇，專論形神關係，指出生老病死乃自然規律，不可違背，所謂的長生不老只是一種虛妄的幻想。針對方士宣稱精神獨立於形體之外的論調，桓譚舉了一個例子：蠟燭點燃而有燭火，蠟燭燒盡，燭火熄滅，不可能憑空燃火。人老至死，就不可能再存在精神。

景帝過壽，召集各諸侯王來朝，十四個兒子從四面八方趕來，歡聚在長安。景帝一看，兒子們都到齊了，跳個舞吧。兒子們一個個使出渾身絕學。輪到劉發時，只見他用手舉袖口，似抬非抬，畏首畏尾，彆彆扭扭，果真驚呆全場。景帝有些不悅：「劉發，你自己看看你怎麼跳的。」劉發從容答道：「兒臣的長沙國地域狹小局促，不能迴旋。」景帝一想，還真是啊，當初把他封到長沙這麼一個「卑溼貧國」為王，確實有些疏忽了，隨後又劃了三個郡給劉發，要他好好練練舞蹈去吧。可見，為自己爭取利益，方式多麼重要。

武帝時，宮中和民間盛行巫蠱之術，妃嬪們每間屋裡都埋有木頭人，每次吵架時就互相指責對方：「妳詛咒皇上，大逆不道。」武帝很生氣，敢情我躺著也中槍啊！就派江充到皇宮裡來搜查。江充跟太子劉據有隙，趁機帶領屬下到太子宮中亂掘，陷害太子參與巫蠱之事。太子劉據情急之下與母親衛皇后共謀除掉江充，發兵與丞相劉屈氂大戰一場後兵敗自殺。等武帝明白皇后與太子是被江充等人陷害時，他將江充滿門抄斬，建了

一座宮殿叫「思子宮」，又造了一座高臺叫「歸來望思之臺」，以寄託他對太子劉據和兩個孫子的思念。

漢武帝時，紀太后想把她的姪女嫁給成齊王，但齊王不喜歡紀氏的女兒。紀太后想了一個辦法，讓自己的女兒即齊王的姐姐紀翁入後宮，阻攔齊王寵幸後宮的嬪妃宮女，想讓齊王因此寵幸自己的姪女。不料齊王竟然趁機和他的姐姐紀翁通姦。武帝命主父偃調查此事。主父偃之前和齊王有過節，這次準備給齊王一個下馬威。不料齊王色膽雖大，膽子卻很小，這一嚇，竟然喝藥自殺了，搞得主父偃很狼狽，最後還在此事上送了性命。

成帝微服出訪，去曲陽侯王根家裡，見其園中的建築是仿照未央宮中的白虎殿而興建的，成帝見此嚴重的僭越行為，大怒，找來輔政的車騎將軍王音一頓臭罵。王商、王根兄弟嚇壞了，割了鼻子來向皇太后請罪，成帝知道後更是氣上加氣。第二天，王家兄弟一個個自負斧鉞跪在宮門外準備就戮。成帝本想藉此機會好好教訓這些舅舅，但太后又哭又鬧，而且王氏家族勢力龐大，成帝也不敢把事做得太絕，只好不了了之。

西漢時，漢武帝讓上官桀當了未央宮養馬的官（孫悟空在天宮就做過這差事）。漢武帝生病，上官桀就開始怠工。武帝病癒後，見馬大多瘦弱，非常生氣：「你以為我再也見不到這些馬了嗎？我還沒死呢！」上官桀趕緊磕頭謝罪：「我聽說皇上病了，日夜憂慮，實在沒心思管養馬的事。」一邊說還一邊痛哭。上官桀高超的演技騙過了武帝，得到了武帝的信任和重用，最後成

第一章 帝王系列

為武帝的託孤大臣。

元帝的幼弟中山王劉竟病逝，元帝帶著太子去弔喪。仁柔的元帝撫著棺木悲慟不止，而太子卻毫無傷感的樣子。元帝怒聲問太子：「天下有臨喪不哀，可以仰承宗廟，為民父母嗎？」恰逢史丹在側，史丹忙摘冠謝罪道：「臣見陛下悲哀太盛，故勸戒太子不要悲泣，以免增添陛下憂患，臣罪該萬死！」元帝聽他如此解釋，也就氣消了。

漢武帝漸衰，曾在宮中照鏡子，看見自己容顏衰老，心中悶悶不樂。他對身邊的侍從說：「看來我終究不免一死。我把國家治理成這般，也算對得起祖宗與百姓了。只有一事不明，不知死後去的那個陰間好不好。」東方朔回道：「陰間好的很，皇上儘管放心去吧！」漢武帝大驚，問道：「你又沒去過，怎麼會知道？」東方朔不慌不忙地回答說：「如果那裡不好，死者一定要逃回來的。現在沒有一個回來的，可見好得很。」漢武帝聽後大笑。

文帝有一次跟馮唐聊起趙將李齊，馮唐說李齊的才能比不上廉頗李牧。文帝說可惜我偏偏得不到廉頗、李牧這樣的人做將領，要不然匈奴早完蛋了。馮唐說：陛下即使得到廉頗李牧，也不會重用他們。文帝很生氣，後來問馮唐：你怎麼知道我不會重用廉頗李牧呢？馮唐答：陛下法令太嚴，獎賞太輕，懲罰太重，比如雲中郡郡守魏尚只因報多殺敵六人之罪，陛下就削其爵位，判刑一年，這未免有點過了。文帝大悟，當天就讓馮

唐拿著漢節去赦免魏尚。

　　武帝有一次去長林遊玩，見到一棵長得十分茂盛的樹，問東方朔是什麼樹。東方朔說：「名字叫善哉。」武帝暗中叫人把這棵樹砍去一截。過了幾年，武帝又問東方朔。東方朔說這叫瞿所。武帝說道：「你小子早就騙我很久了，為什麼你說的名稱和以前不一樣？」東方朔說：「比如馬，大的叫馬，小的叫駒；長大叫雞，小時叫雛；大的叫牛，小的叫犢；人生下來叫兒子，長大叫老子。所以這棵樹當初叫善哉，如今叫瞿所。大小生死，萬物變化，哪有固定的事？」武帝大笑。

　　元帝時，呼韓邪來求和親。元帝想挑一個宮女冒充公主，但沒人想去。有一個叫王昭君的宮女表示願意去匈奴和親。臨走前，昭君向元帝告別，元帝一看是個大美人，心想：後宮有如此美女，我怎麼不知呢？回去一查，原來是畫工毛延壽索賄不成，故意把王昭君畫成了醜八怪。元帝心裡說不出有多後悔，立即斬了毛延壽。昭君出塞，元帝傷心欲絕，馬致遠在〈漢宮秋〉裡作了一首元帝送走王昭君的詞：她她她，傷心辭漢主；我我我，攜手上河梁。她步從，入窮荒，我鑾輿，返咸陽。

　　漢明帝脾氣不好，經常收拾手下。有一次提杖要揍郎官藥崧，藥崧見勢不妙，立刻鑽到床底下。明帝用杖砸地咚咚響：「有種你給我出來！」藥崧就是不出來，還說：「皇帝都是莊重的，還沒見哪個皇帝將郎官整成這樣！」明帝一聽，頓時洩氣說：「算了你出來，我不打你了。」鑽床底就是安全。

第一章　帝王系列

漢文帝一次到皇家公園中的動物園遊玩，一時興起，問了旁邊跟著的上林尉幾個問題，誰知此公一個也答不上來，而一旁的虎圈管理員卻對答如流。劉恆大喜，誇獎道：「為吏難道不當如此嗎？上林尉太差了！」馬上令張釋之將管理員封官。張釋之問道：「陛下以為周勃、張相如何如？」文帝道：「忠厚長者。」張釋之道：周勃、張相如口舌拙笨卻被重用，秦朝壞就壞在那群整天只耍嘴皮子的人身上，此例不可開。文帝大悟。

皇后陳阿嬌被廢，陳皇后的母親長公主是景帝的姐姐，多次在武帝的姐姐平陽公主面前抱怨說：「皇帝沒有我就不能即位，過後竟拋棄了我的女兒，怎麼這樣不自愛而忘恩呢！」平陽公主對她說道：「是因為皇后沒有兒子的緣故才被廢的。」於是，長公主為陳皇后遍尋名醫，渴求得子，求醫所費有九千萬之多，然而終未能生子。

淮南王劉長，漢高祖劉邦幼子，文帝劉恆之弟。文帝即位，他驕橫不法，後又陰謀叛亂，後絕食自殺。民間有人為淮南王之事編了個順口溜：「一尺布，尚可縫；一斗粟，尚可舂；兄弟二人不相容！」藉以譏諷漢文帝不顧手足之情。掩卷而思，人類歷史上這種同室操戈、骨肉相殘的事例何其多哉！

漢章帝早年非常寵信劉慶的母親宋貴人，還冊立劉慶為皇太子。不料此舉引來了竇皇后的嫉恨，竇皇后巧施手段，讓章帝漸漸疏遠了宋貴人母子，廢黜劉慶為清河王，改立梁貴人的兒子劉肇為皇太子，也就是後來的漢和帝。和帝即位之後，得知

竇太后曾將自己的母親梁貴人迫害致死，於是除掉了竇太后，還對清河王劉慶恩寵有加。漢和帝去世後，朝廷選擇清河王的兒子劉祜即位，即漢安帝。劉慶如果泉下有知，也該無悔了。

漢成帝這人挺有意思，有一天他心血來潮，封他五個舅舅為侯，分別是平阿侯王譚、成都侯王商、紅陽侯王立、曲陽侯王根、高平侯王逢時，史稱「一日五侯」。不過這幾位侯爺架子挺大，看對方都不順眼，互不來往，還禁止各自門下的食客互相接觸，弄得朝野間輿論紛紛。不過有一個叫婁護的人和他們很能說的上話。每天早晨，這五位侯爺都會派人送來山珍海味給他享用。婁護大魚大肉吃膩了，乾脆把這些珍饈佳餚倒到鍋裡一勺燴，口感不錯。後人就把這種雜燴叫做「五侯鯖」。

昌邑王劉賀繼任皇位。一日，劉賀出遊見到一隻頭戴方山冠沒有尾巴的大白犬，問龔遂這是什麼，龔遂趁機說道：「這個是天戒，說大王身旁的都是一些不學無術的小人，只有遠小人國家才能不滅亡。」接著劉賀又看到一隻大熊，劉賀問龔遂這是什麼意思。龔遂答：「這也是上天在告誡大王，將有災難降臨宮室。」劉賀仰天長嘆道：「為何不祥的徵兆接連而來。」龔遂勸劉賀端正行為，但是劉賀終究還是不為所動。

齊人少翁以通鬼神的方術晉見漢武帝，用召喚鬼神的方術召喚了已去世的漢武帝之妃王夫人，其實不過是演了一齣皮影戲。不過武帝信以為真，封少翁為文成將軍，賞賜無數，又按照他的指點造甘泉宮，用來招天神。可惜後來他的法術總是失

靈,一次,他寫了一幅字讓牛吃了下去,然後告訴武帝說牛肚子裡有東西。武帝發現內容古怪後,起了疑心,後來窺破了他的伎倆,一怒之下殺了這個招搖撞騙的術士,對外說他是吃馬肝被毒死的。

欒大和文成將軍少翁是同門師兄弟。有人把他推薦給了武帝,欒大一見武帝,就先譴責了武帝一頓,說自己曾經出海神遊,見過安期、羨門等著名的仙人,但自己擔心也會像師哥少翁那樣死得不明不白,到時候方士們都閉口不言,誰還敢談方術!武帝立即信誓旦旦的表態。為了求仙成功,武帝封欒大為五利將軍,又給了他天士將軍、地士將軍、大通將軍、天道將軍四道金印,封為樂通侯,還把親生女兒嫁給了欒大。後來武帝發現自己被騙,殺了欒大。

西元25年,赤眉軍領袖漢朝族裔、十五歲的放牛娃劉盆子為皇帝。劉盆子居長樂宮時,當時宮中仍有宮女數百千人,自更始帝敗亡後為躲避戰亂,一直閉門不出。沒有吃的,就在宮內掘草根、池魚為食,許多人因此而餓死。後宮的人見到劉盆子後,哭著對劉盆子說自己已經幾天沒吃飯了。劉盆子憐之,每人賜米數斗。後劉盆子離去,宮人皆餓死。

一次,元帝帶著妃嬪宮人們在後宮的動物園看鬥獸表演。正看得興致勃勃,突然一隻大熊跑出圈外,攀殿而上直撲坐在上首的元帝,嚇得御苑兩旁的妃嬪貴人們爭相逃竄,唯獨馮昭儀挺身而上,毫不畏懼地擋在黑熊面前,巨熊停止上前。左右

武士趕來殺了熊，馮昭儀則未傷一根毫髮。事後，元帝問她為何不怕危險？她答道：「妾聞猛獸得人而上，恐熊撲至御座，侵犯陛下，故以身擋之。」元帝聽後大為讚嘆。傅昭儀羞愧之餘，也暗暗地恨上了馮昭儀。

成帝死後，傅昭儀的孫子劉欣繼位，傅昭儀也成為太皇太后，馮昭儀成了中山王太后。馮太后有個不滿週歲的孫子，患有「眚病」，大概相當於先天性心臟窄狹症。劉欣即位後，很關心這個堂姪，特派中郎謁者張由陪同御醫前往中山國，替他看病。不料這個張由到了中山國後突發癲狂，霎時怒不可遏，誰也勸不住，自個兒返回了長安。朝廷質問他擅自離開中山國的原因，張由害怕，誣告說中山太后詛咒皇上與傅太后。傅太后一聽，想起多年前的黑熊事件，於是藉此機會將馮太后一家盡數處死。

呂雉想除掉趙王劉如意，藉機徵召趙王入朝，不料趙國國相周昌早就猜到了她的心思，硬是不讓劉如意入朝。呂后扣留周昌，召劉如意入京。劉盈怕呂后把劉如意殺掉，便親自迎接劉如意，且跟劉如意形影不離，極力保護劉如意。呂后數次欲殺劉如意，但每次都被劉盈阻止。但是百密一疏，一次，劉盈出外打獵，劉如意單獨待在寢宮。等劉盈回來時，劉如意已經被人毒死，時年十五歲。

劉盆子居長樂宮，諸將日日爭功，聲言歡呼，拔劍擊柱，不能相一。臘月時，劉盆子和朝臣在宮中舉行宴會。正高興時，

第一章　帝王系列

　　無名軍士齊刷刷地衝進來，你爭我搶，席間大亂，把本應給皇帝和大臣們的酒肉飯食一搶而光，多人在搶奪過程中互鬥受傷。大臣們無不暴跳如雷。衛尉諸葛釋聞訊後立即率兵前來，維護現場秩序，大開殺戒，殺了一百多個爭奪的軍士才鎮壓下去。

　　漢元帝劉奭仁而不威，雅重儒術。有一次，還是太子的劉奭見父親用法過嚴，未免苛刻，進諫道：「陛下應該重用儒生，不要單看重刑法。」宣帝聽了十分生氣。說：「漢家自有制度，向來是儒法輪番並行，怎能專用德教呢？」劉奭不敢再說，拜別出宮。漢宣帝目送太子的背影，長嘆一聲道：「亂我家法者，必太子也！」

　　漢安帝時，宦官李閏、江京專權，閻皇后也開始干政。安帝去世後，閻皇后為把持國政，在兄長閻顯的支持下，迎立北鄉侯劉懿為嗣，即皇帝位。閻太后臨朝，以兄閻顯為車騎將軍。閻顯兄弟把持朝政，作威作福。這樣的日子沒過多久，二百餘日後，少帝就因病去世，閻顯派人緊閉宮門，祕不發喪，準備和太后密謀另立他人。事還未成，宦官孫程等人擁立劉保為帝，是為漢順帝，殺閻顯等人，遷閻太后於離宮。

　　漢殤帝劉隆是中國帝王中即位年齡最小、壽命最短的皇帝。他是東漢第五位皇帝，漢和帝次子，養於民間。本來當皇帝沒他的份，因漢和帝長子劉勝有痼疾，所以許皇后才將這個出生才100餘天的劉隆迎回皇宮當皇帝，朝政由外戚鄧氏掌權。8個月後，劉隆就在一場大病中駕崩在襁褓之中了，諡號為孝殤皇帝。

漢元帝時,兒子劉驁好讀書,喜文藝,性情寬厚謹慎,言語舉止等合乎禮儀,表現非常不錯。有一次,元帝有急事召見劉驁,等了很久不見他來。後來才得知,原來劉驁遵守宮廷禮制,不敢走天子專用的中間馳道,而是從邊門繞道行走,所以費了許多時間。元帝十分讚賞兒子在關鍵時刻仍能遵守禮法,行為舉止合乎準則。這事過去之後不久,漢元帝就冊立劉驁為太子。

劉邦當皇帝後,把秦朝的禮儀廢除,力求簡易。當時大臣們在朝堂上經常做出失禮的行為,如飲酒爭論、醉後喧譁,甚至拔劍擊打宮殿的支柱。劉邦很生氣,老子都當皇帝了,你們還胡來,成何體統?叔孫通向劉邦建議制定宮廷禮儀。得到劉邦同意後,叔孫通到魯國故地徵召約三十名儒生到長安,協助制定及演習宮廷禮儀。一個多月後,叔孫通邀請劉邦觀禮。劉邦認為相關禮儀可行,於是命令大臣進行彩排。朝會完畢,劉邦很高興,終於體會到當皇帝的尊貴了,委任叔孫通為太常,並賞賜黃金五百斤。

劉邦開國以後,封了許多同姓諸侯王和異姓諸侯王。諸侯王在自己的封地內自設官吏,自建軍隊,自定政策,自收賦稅,隱隱有與中央對立之意。劉邦在意識到這種分封制的弊端後,花了不少精力,才平定了諸侯王的叛亂,臨死時還留下遺囑:「非劉氏不得封王」。呂后執掌朝政後,大封呂氏子姪為王,最後被周勃和陳平剷除。漢文帝即位後,遵從高祖的遺囑,只封

第一章　帝王系列

同姓王，不封異姓王。但即便如此，還是引起了後來的「七國之亂」。

劉詢，原名劉病已，是漢武帝和衛子夫的曾孫，戾太子劉據的孫子。劉病已出生數月，即逢巫蠱之禍。劉病已被邴吉救下，僥倖逃過一劫，從此流落民間。年少的他喜歡鬥雞走馬，愛四下轉悠，在市井的遊嬉當中深切體會了民間的疾苦。漢昭帝駕崩，劉賀也因荒淫而被廢，邴吉向霍光推薦劉病已，於是霍光立時年19歲的劉病已為皇帝，是為漢宣帝。劉詢在位時期，勤儉治國，與漢昭帝的統治被並稱為昭宣中興。

漢元帝仁而不威，優柔寡斷，雖然沒有政治家的才幹，卻是個不錯的藝術家。他多才多藝，能寫一手漂亮的篆書，喜讀史書，擅長音樂，能鼓琴瑟，吹洞簫，還能辨音協律，會自己作曲，譜新聲。晚年體弱多病，常以音樂自娛。元帝的深宮備有鼙鼓，有時興致來了，親手擊鼓，緩急舒徐，很是入耳。

劉秀起兵時，一個族姪因為違抗命令，被軍紀官祭遵給殺了。劉秀聽到消息後大怒：「這人竟敢殺我的姪兒？」立刻就要把祭遵殺了。主簿陳副勸阻說：「您不是想整頓軍隊嗎？現在祭遵執法毫無避忌袒護，正是助您整頓諸軍的好機會。」劉秀這才赦免了祭遵，任命他為刺奸將軍。事後，劉秀常對將領們說：「你們應當以祭遵為榜樣！我的族姪犯法都被他按律處斬了，你們要是犯了錯，祭遵必不饒過你們！」

漢成帝平生有兩大愛好，一個是愛美女，一個是愛踢球，是中國古代一位名副其實的「足球皇帝」。群臣見成帝太愛玩，體能消耗太多，擔心傷了「龍體」，勸他少踢球。漢成帝說，我就愛踢球，你們誰如果有不費力氣的玩法就獻上來。劉向一看，這個好辦，於是向成帝獻上「彈球」的玩法，類似一種紙上足球。漢成帝大喜，賜給劉向黑色羊羔皮衣和紫色絲鞋。

景帝心血來潮，要召幸一個叫程姬的嬪妃。不巧這幾天程姬「大姨媽」來了，還忘了請假。怎麼辦？程姬把景帝灌得酩酊大醉，然後讓侍者唐兒陪皇上過夜。景帝過了一個春風沉醉的夜晚，第二天醒來一看，咦？程姬妳什麼時候整的容？唐兒只好老實交代，不久生了一個大胖小子。不過景帝對她們母子不大重視，取個名字叫劉發——趕緊打發了算了。不過，正是因為漢景帝劉啟與唐兒的這次一夜情，才有了光武帝劉秀的這一脈，讓大漢王朝又延續了二百年。

漢元帝寵信宦官弘恭、石顯。劉奭60多歲的師傅、「當世名儒」蕭望之，因石顯進讒言而被逼自殺。當時元帝正在吃午飯，聽到消息後淚流滿面，飯也吃不下去了，立即召來石顯嚴厲責問，石顯嚇得摘掉帽子，磕頭不止。從那以後直到自己病死的十三四年間，元帝每年都要派使者到蕭望之的墳上去祭奠。然而害死師傅的石顯卻一直安然無事，元帝既沒任何處罰，也沒任何懲治。

第一章　帝王系列

「斷袖之癖」的漢哀帝劉欣是漢成帝的姪子，父親被元帝封為定陶共王。劉欣年幼時父親早逝，由祖母傅太后撫養成人。劉欣登上皇位，祖母傅太后沒少出力。一次，劉欣的祖母傅太后跟著劉欣來朝，當時成帝正寵幸趙合德、趙飛燕姐妹。傅太后略施手段，私下裡用重金賄賂成帝寵幸的趙合德姐妹，以及成帝的舅舅驃騎將軍曲陽侯王根，讓他們幫劉欣在成帝耳邊吹吹風。成帝本就對劉欣的才能很滿意，加上有人鼓動，於是就立劉欣為太子。

漢章帝劉炟，名字中雖有個炟，即火爆之意，但章帝做事卻不急不躁。他即位後，勵精圖治，文治武功，注重農桑，興修水利，減輕徭役，衣食樸素，期間政治清明，經濟繁榮，使東漢經濟、文化得到很大發展。劉炟是個不錯的皇帝，他在位期間，兩度派遣班超出使西域，使得西域地區重新稱藩於漢；另外劉炟還是一個書法家，他的草書非常有名，被稱為「章草」。但章帝過於放縱外戚，為日後外戚專權和宦官專政埋下了隱患。

趙飛燕和趙合德姐妹倆以其傾國傾城之美色贏得了成帝劉驁的歡心。趙飛燕妖冶冷豔，舞技絕妙，相傳能在「掌上舞」。趙合德的美貌更勝姐姐趙飛燕一籌，成帝整天都被迷得神魂顛倒，一刻見不到趙氏姐妹，便心神不安。為了能和趙合德徹夜歡愉，成帝經常吃一種叫做「慎恤膠」的春藥，後來精盡人亡，竟然死在了趙合德身上。朝野大譁，趙合德因此被迫自盡。臨死前，趙合德憤慨地說：「我把劉驁當成一個嬰兒，玩弄股掌之上！」

漢孺子劉嬰年幼，王莽以「攝皇帝」的名號暫行皇帝職權，王莽做夢都想把前面那個「攝」字去掉，但這事又不能自己親自出面，手下那群馬屁精一點技術含量都沒有，一個勁地催。皇帝誰不想當？要能當早當了！這時候一個叫哀章的人出現了，他偷偷做了兩個銅櫃子，裡面分別寫著兩道「天帝行璽金匱圖」和「赤帝璽某傳予黃帝金策書」，裡面說，劉邦早就打算把皇位傳給王莽了，太后應該順天應命讓王莽當皇帝。這招夠絕，你們老祖宗指名道姓讓我當皇帝，你們誰有意見？小心老祖宗半夜來找你！

漢元帝喜好聲色，後宮美女如雲。他不愛皇后王政君，另寵兩位妃嬪，一為傅昭儀，一為馮昭儀。這兩人原來都是位列婕妤，地位僅次於皇后。元帝為表示對她倆特殊的寵幸，突顯她們在後宮的地位，就在六宮制度中增加了一級，名為「昭儀」，即「昭其儀尊而親密」的意思。昭儀在六宮中的地位同外朝的丞相等同，而爵祿可同王侯媲美。

漢昭帝去世後，因昭帝無子，霍光等大臣遂迎立昌邑王劉賀為皇帝。劉賀平日在他的封國中一向狂妄放縱，得知要當皇帝後，喜出望外，帶了 200 隨從從中午出發前往長安，下午就到了定陶，不到半天的時間就走了一百三十里，沿途累死無數馬匹。不料這哥兒們在位 27 天，卻做了 1,127 件荒唐事，平均一天 40 件。霍光一看，這麼下去哪行？他聯合了群臣，在得到皇太后的允許後，在未央宮承明殿召開「審判大會」，廢除了劉

賀，將他送回了封地昌邑。

漢順帝時，班超的孫子班始娶了清河孝王的女兒亦即漢順帝的親姑姑陰城公主為妻。班始的父親在世時，這位陰城公主還不敢太放肆，等公公死後，陰城公主就開始亂搞男女關係，經常把野男人帶進房中。班始很憤怒，可是有什麼法子呢？人家是皇帝的姑姑，只好忍著吧。可後來陰城公主實在太過分，竟然當著丈夫的面和別人亂來。班始忍無可忍，將陰城公主殺死。漢順帝一看，反正你們班家已經沒落了，正好收拾你們，於是處死了班始及他的同胞兄妹。

劉端是漢景帝之子。景帝前元三年，周亞夫平定吳、楚等七國之亂之後，被封為膠西王。這哥兒們生性殘忍暴虐，喜好美色，不幸的是卻患有陽痿，一旦接觸女人就會發病好幾個月。劉端很憋屈，只好寵幸一位少年，把他作為自己的伴侶，還讓他當了個郎官。不料這位少年卻與劉端後宮的妃妾傳出了緋聞。劉端很憤怒：我碰不得，卻便宜了你小子，下令將他全家都處死了。

劉定國襲位燕王後，荒淫無恥，竟然與自己的庶母通姦，生了一個孩子，還奪了弟弟的老婆做自己的姬妾。更無恥的是，劉定國後來竟然與自己的三個女兒通姦。肥如縣令郢人準備上書朝廷揭發他，劉定國先下手為強，將他逮捕並殺人滅口。後來郢人的弟弟上書朝廷，揭露了他的罪行。朝廷派專員調查，發現情況屬實。武帝召集公卿大臣討論如何處置定國。

公卿大臣一致認為：定國敗壞人倫，違背天理，應判死罪，武帝批准。劉定國畏罪自殺。

漢靈帝荒淫無道，他在西園修建了一千間房屋，讓人採來綠色的苔蘚覆蓋在臺階上面，引來渠水繞著各個門檻，到處環流，渠水中種植著南國進獻的荷花。而他自己則脫了衣服和宮女們嬉戲追逐。靈帝還蓋了個「裸遊館」，徹夜飲酒，醉得不省人事，上朝時分則由太監學雞叫喚醒他，在朦朧昏沉中處理國家政事。他感嘆說：「假如一萬年都如此，就是天上的神仙了。」

漢成帝的皇后趙飛燕美貌絕倫，是歷史上有名的淫蕩女性，與妹妹趙合德同時與漢成帝淫亂。姐妹倆性慾旺盛，趙飛燕在進宮前就和鄰居私通，入宮後偽裝處女而得寵，又和妹妹合德和宮奴燕赤鳳私通。為了保持將來的地位鞏固，趙飛燕以酬神為名，別開一室，宣布是自己求子祈天的場所，任何人不能進入，然後用小牛車載入年輕男子，裝扮成女子進宮通姦。

漢文帝劉啟和賈姬生有兩個兒子，大兒子劉彭祖被封為趙王，小兒子劉勝被封為中山王。這哥倆雖是同胞兄弟，卻不太和睦，經常互揭瘡疤，互相攻擊。喜好美色、花天酒地的弟弟中山王指責好管事的哥哥趙王：「哥哥做這個王爺啊，不做別的，專門代替下級官吏管事。」哥哥趙王批評弟弟：「中山王整天沉浸在女色中，不知道幫助皇上撫慰百姓，有什麼資格當諸侯！」

第一章　帝王系列

　　上官安的女兒透過蓋長公主的姘頭介紹入宮做了皇后。上官安仗著自己是皇后的父親，越來越驕橫淫逸。他在殿上領受賞賜，出來後對賓客說：「和我的女婿一起喝酒，真快活！」上官安喝醉酒，喜歡光著身子在內宅行走，和他的繼母以及父親的姬妾侍婢淫亂。不久，上官安的兒子病死，上官安氣得仰頭大罵老天。

　　漢靈帝最大的愛好就是玩，而且他的玩法與別人不同。他喜歡讓狗戴上文臣戴的進賢冠，配上官印上的絲帶，牽著招搖過市。靈帝還喜歡毛驢，手下宦官從外地精心選了四頭純白毛驢，靈帝大喜，每天駕著一輛由毛驢拉車的車子在宮內四處胡逛轉悠。上有所好，下必甚之。皇帝愛驢，京城的公卿貴戚轉相仿效，當時竟在朝廷上下掀起了一股「驢熱」，引得驢子倍受青睞，一時之間，毛驢價格暴漲。

第二章
朝廷砥石

　　陳平去投奔劉邦，兩人縱論天下大事，十分投機，劉邦留陳平在身邊做參乘，並命他監護三軍將校。將領不滿，指責陳平品行不端，貪圖賄賂，還和嫂子關係曖昧，在魏王和項羽那裡都沒達成任務，不能信任重用。劉邦也心生疑團，陳平解釋說，自己是光著身子來的，沒錢就活不下去，所以才貪了點錢。他還說，我是來幫你打天下的，我的計謀好，你就用，如果不好使，錢還給你，我回家種地去了。劉邦一聽，疑慮頓消。

　　酈食其去見劉邦時，劉邦正坐在床邊讓女人為他洗腳。酈食其說：「您是想幫助秦國攻打諸侯呢，還是想率領諸侯滅掉秦國呢？」劉邦罵道：「你這不廢話嗎？天下苦秦久矣，所以諸侯們才起兵反抗暴秦，你怎麼能說幫助秦國攻打諸侯呢？」酈食其說：「如果您真想推翻暴秦，那就不該用這種傲慢的態度來接見我。」劉邦一看，這位估計是位高人，腳也不洗了，起身把酈食其請到上賓的座位，先道歉，然後向他討教。

　　韓信，西漢開國名將，為漢朝立下汗馬功勞，歷任齊王、楚王、淮陰侯等，卻也因其軍事才能引起猜忌。之後被控謀

第二章　朝廷砥石

反,被呂雉處死於長樂宮鍾室;彭越,在垓下之戰中立有大功,封梁王,後因得罪流放,途中被呂后殺死,屍體被剁為肉醬,分送諸王;英布,漢朝建立後封淮南王,後起兵反漢,失敗後被殺。果如人言:狡兔死,走狗烹;高鳥盡,良弓藏;敵國破,謀臣亡。

儒生陸賈常常在劉邦面前談《詩經》、《書經》。劉邦破口大罵:「你老子我馬上得了天下,安事《詩》、《書》!」陸賈據理力爭:「馬上得天下,怎麼能馬上治天下?」於是就引出商湯、周武王例子,最後說:「要是秦朝得了天下後施行仁政,您還有機會奪取天下嗎?」劉邦有點尷尬,對陸賈說:「那你就把秦朝為何失天下、我為何得天下的道理寫下來。」陸賈寫了十二篇論述國家興衰存亡的徵兆和原因的文章,每寫完一篇就上奏給劉邦,劉邦無不稱讚,把這部書稱為《新語》。

郅都有一次隨漢景帝到上林苑,隨行的賈姬如廁時,一頭野豬衝進了廁所。漢景帝以目示意郅都去救賈姬,但郅都手持兵器,只保護在皇帝身旁,就是不行動。漢景帝自己抄起武器,準備救人。郅都跪在景帝前面說:「失掉一個姬妾,還會有另一位姬妾入宮。天下難道會缺賈姬這種女子嗎?陛下如此輕視自己的安危,將社稷和太后置於何地?!」竇太后得知後感慨道:這才是忠臣啊!

淮南王和衡山王謀反,朝廷發兵鎮壓,搜捕黨羽。丞相公孫弘認為這都是自己不稱職的結果,害怕自己病死也沒法搪塞

責任，於是上書說，自己才智低下，不足以勝任職務。如今自己得了病，恐怕命不久矣，希望辭官歸家，讓路給賢者。武帝答覆說：你得了病，何必憂慮不癒，竟然上書要交回侯印，辭官歸家，這樣做就是顯揚我的無德呀！武帝只恩准公孫弘繼續休假，賜給他牛酒和各種布帛。公孫弘見辭職不成，幾個月後又乖乖去上班了。

吳、楚七國之亂，鄧公自前線歸奏軍情。景帝問：「從軍中來，聞晁錯死，吳、楚罷兵否？」鄧公說：「吳王謀反已數十年。這次叛亂是因為削減了他的封地，以『清君側』為藉口，目的不在晁錯身上。陛下殺了晁錯，臣恐天下之士噤口不敢復言。」景帝問為何？鄧公答：「晁錯恐諸侯強大，不可制，故請削減封地以尊天子，不料計畫剛要施行卻猝然被殺，內塞忠臣之口，外為吳楚報仇，臣以為陛下此舉不妥。」景帝默然良久，說：「公言善，吾亦悔之。」

漢元帝去祭祀宗廟，出便門，想乘船渡渭河。御史大夫薛廣德擋車，免冠，頓首，說道：「皇上應該從橋上前往。」元帝道：「你先把帽子戴上吧。」廣德答：「陛下不聽臣，臣自刎，以血汙車輪，陛下不得入廟矣。」元帝臉色不悅。張猛進言道：「臣聞主聖臣直。乘船有危險，過橋安全，聖明的君主是不可以冒著危險行事的。皇上還是聽御史大夫的建議吧。」元帝不好反駁，只好同意過橋。

漢宣帝時，長安城盜賊甚多，百姓不堪其擾。張敞當上京

第二章　朝廷砥石

兆尹後，派人明察暗訪，終於查出賊頭竟然是幾個平日裡貌似忠厚實際上卻心懷不軌的富戶。張敞不動聲色，將富戶們請到家中後，要求他們將盜賊全部拿交，將功贖罪。盜首們說，我們今天不回去，他們肯定會懷疑，如果能為我們安排官職再回去，一定能夠抓到他們。張敞依計而行。盜首回家後設宴將來祝賀的盜賊們灌得酩酊大醉，趁機在每個盜賊後背塗上紅色。盜賊們飲罷辭出，被守在門外的衙役們一網打盡。

張湯的兒子張安世一生謹慎。他曾向朝廷舉薦過一個人，此人前來道謝，張安世生氣：「為國家舉薦賢能是公事，難道可以私相酬謝嗎！」從此與此人絕交。有一位郎官功勞很大，卻沒有調升，自己去求張安世為他說話。張安世對他說道：「你的功勞很大，皇上是知道的，作人臣子的，怎麼能自說長短處！」堅決不答應他。

西漢宣帝時期，丞相邴吉十分關心百姓的疾苦。有一次外出，邴吉見一群人在鬥毆，他沒有去制止，而看到有人追趕牛，牛氣喘急、吐出舌頭時，他卻停下叫人去詢問，掾史說他只重畜不重人，並因此譏刺邴吉。邴吉解釋：「打架鬥毆之類的事是長安令、京兆尹的職責，不用我管；牛影響農事，直接影響國計民生，所以我才會關心牛的事。」掾史這才心悅誠服。

董宣當洛陽縣令時，光武帝劉秀的姐姐湖陽公主有個家奴，殺人後在公主府裡躲藏不出。董宣派人在湖陽公主的住宅前監視，後來終於等到他出門的機會，在大街上攔了公主的車馬將

那個奴僕當眾處死。這下公主可不服了，跑到劉秀面前大哭大鬧，要求殺掉董宣。劉秀把董宣叫來令其向公主叩頭謝罪，董宣拒絕低頭。劉秀令人強按之，也不能使其俯首。劉秀非常感動，不但沒有責備董宣，而且還稱讚他是「強項令」，賞給他30萬錢。人們都稱他是「臥虎」。

大將軍衛青勝利歸來，武帝下令賞賜黃金千斤。東郭先生攔住衛青說：「王夫人最近得到皇帝的寵愛，家裡貧困。如今將軍獲得黃金千斤，如果用其中的一半送給王夫人的父母，皇上知道了一定很高興。」衛青當即答謝，回去就送了一半黃金給王夫人的父母。王夫人將此事告訴了武帝。武帝說，這肯定不是你想出來的，哪裡得來的計策？衛青只好老實交待：「從候差的東郭先生那裡得來的。」武帝於是召見東郭先生，任命他為郡都尉。

賈復打仗勇猛，有一次他征戰捱了十幾刀，差點沒命。光武帝聽說，馬上做大驚狀說：「哎呀我就害怕出這事，賈復太猛了，打仗老是不要命。我要損失一員虎將了。他妻子有孕，生兒子我把女兒給他，生女兒我讓兒子娶她，不讓他有顧慮。」結果賈復痊癒，跑來見皇帝，歡蹦亂跳得跟條魚一樣，後來打仗更不要命。

武帝時，匈奴請和親，博士狄山表示贊成，並說興兵動武勞民傷財。御史大夫張湯上來就是人身攻擊，指責狄山說：「此愚儒，無知。」狄山反駁張湯，認為自己雖是「愚忠」，張湯則是

第二章　朝廷砥石

「詐忠」，並批評張湯處理淮南王、江都王案（謀反案）的作法。武帝問狄山：我派你去守衛一郡，能防止胡虜入侵嗎？狄山說不能。武帝問：那一縣呢？狄山說不能。武帝又問：那一鄣（築在邊塞上要險之處的城）呢？狄山害怕，回答能。於是武帝派狄山去治理一個邊塞上的鄣，一個月後匈奴進犯，狄山被殺。

霍光是霍去病的弟弟，在漢武帝死時以大司馬大將軍受遺詔輔政。霍光在輔政期間，不但政事一決於光，就連皇帝的廢立都由霍光決定。昭帝死後，霍光對即將及位的昌邑王不滿意，於是聯合太后廢掉昌邑王，改立衛太子孫為帝，是為宣帝。霍光的外孫女是昭帝皇后，他的小女兒又是宣帝皇后，每次朝見，連皇帝都要對霍光禮讓三分。宣帝對霍光專權不滿，只是在當時對霍光還有顧忌，不敢表露。霍光一死，宣帝看時機成熟，馬上對霍氏採取行動，藉霍禹謀反一罪，一舉誅滅霍氏。

馮唐，西漢時一位頗負盛名的德才兼備的人才，在漢文帝時年齡已經很大了，但官職卑微，不受重用。到景帝時，略有升遷，但不久被免官閒居。後來漢武帝選求賢良，有人舉薦馮唐，可是他已九十多歲，難再做官了。李廣，漢武帝時令匈奴聞風喪膽的名將，多年抗擊匈奴，軍功很大，最終也不得封侯之賞。後人感慨：「馮唐易老」、「李廣難封」。

杜根是東漢安帝時郎中，因要求臨朝聽政的鄧太后還政於皇帝，觸怒太后。太后大怒，下令將其用白袋子裝著，在大殿上活活打死，因施刑者敬慕杜根的品行，手下留情，打完就把

他運出宮殿。杜根被載出城外，果然甦醒，為防鄧太后派人檢查，他詐死三日，直到目中生蛆，終於瞞過鄧太后，逃亡到宜城山裡做了一個酒保，一待就是十五年。鄧太后死後，皇帝昭告天下，尋找他的子孫，杜根才能回到老家，被奉為公車，升值為御史。

漢武帝即位後，慕轅固品德賢良的名聲，徵召他入朝。但轅固被儒生們排斥，稱其「太老了」，於是他被罷官遣歸。這時轅固已經九十多歲了。他被徵召時，薛邑人公孫弘也被徵召，卻不敢正視轅固。轅固對他說：「公孫先生，務必以正直的學問論事，不要用邪曲之說去迎合世俗。」自此之後，齊人講《詩》都依據轅固的見解，更有不少轅固的弟子因研究《詩經》有成而仕途顯貴。

元帝重病，狡點善謀的傅昭儀趁機哄騙元帝改立劉康為太子。王皇后的哥哥王鳳請來史丹，史丹就跪在離元帝不遠的青蒲上面，連連叩頭。元帝忙問何事，史丹流淚道：「臣冒死為太子說幾句話，太子位居嫡長，冊立已有多年，天下莫不歸心。如今外面到處傳言，說陛下將廢太子而改立定陶王，若真如此，滿朝公卿大臣必以死力爭，臣願先自請死！」元帝素性仁厚，此後不再提廢立之事。

許負替周亞夫看相，說他三年後為侯，八年後為丞相，再過九年會餓死。周亞夫不信，許負指著他的嘴說：「你嘴邊有條豎線，紋理入口，這就是餓死之相。」後來周亞夫果然成為丞

第二章　朝廷砥石

相。但周亞夫與景帝不和，埋下了殺身之禍。一次，周亞夫的兒子買了500套鎧甲，準備日後為父親陪葬。景帝得知，將周亞夫送進監獄。廷尉問周亞夫：你想造反？周亞夫答：我買的是殉葬品，怎麼能說是造反呢？廷尉道：你即使不在地上造反，也想在地下造反。遇上這麼個會辦的，周亞夫只好絕食抗議，五天後吐血而死。

陳平做事，不做沒把握的事，善於為自己留後路。一次，有人告領兵在外的樊噲圖謀不軌，劉邦命陳平前去抓人，就地正法。陳平知道劉邦將不久於人世，呂后即將掌政，若殺掉樊噲（他是呂后的妹夫），必定遭到呂氏姐妹的怨恨，於是和周勃商議後決定只將樊噲控制住而不殺掉。結果沒過多久，劉邦就去世了，呂后馬上放了樊噲，陳平和周勃得到了呂后的信任，被任以要職。

西漢時，梁王想成為儲君，但被袁盎阻止。梁王由此對他懷恨在心，曾派人刺殺袁盎。刺客來到關中，先對袁盎展開了一番調查，得知袁盎人品不錯後，刺客便去見袁盎說：「我奉梁王之命來刺殺您，您是個厚道人，我不忍心刺殺您。但以後還會有十多批人來刺殺您，希望您好好防備一下！」袁盎心中很不愉快，家裡又接二連三地發生了許多怪事，便到棓先生那裡去占卜問吉凶。回家時，被梁國派來的刺客堵在了安陵外城門外，遇刺死了。

七國之亂後，慄夫人的兒子被立為太子，景帝任命竇嬰做

了太子的老師。後來慄太子被廢，竇嬰堅決反對，但反對無效，於是藉口有病而退隱到了藍田縣的南山裡，不論誰勸都不肯答應回來。後來梁地人高遂勸他說，能夠讓你升官發財的人是皇上，能夠親近，親信你的人是你的姑姑竇太后，太子被廢你去爭，爭不成，就罷官隱居。這樣做，不是在明顯地張揚當今天子的過錯嗎？如果天子和太后都要處治您，那您麻煩就大了。竇嬰恍然大悟，又去上班了。

蘇武奉命出使匈奴，被匈奴扣留。單于威逼利誘，要他投降，蘇武嚴詞拒絕，被幽禁在地窖中。地窖冰冷，他將滿口氈毛與草皮一塊嚥下，誓死不降。匈奴把他遷至北海（今貝加爾湖）邊放牧。想回去？可以，等公羊產了羊羔後再來找我。為了生存，蘇武飲雪吞氈、掘野鼠和野草為食。節犛脫落，他誓死不改其志。十九年後，蘇武終於有機會離開匈奴。回到長安的那天，長安的人民都出來迎接他。

韓歆這個人性格衝動，他向皇帝奏事，擔心皇帝不信，經常是咬牙切齒地說：「我不騙你，誰騙你（此處略去幾百字）。」光武帝一聽頭就大了，一怒之下將他的官給免了，讓他鋪蓋一背，回到鄉下去。這還覺得不解氣，光武帝又讓當地官員去找碴，韓歆一看，只好自殺。其實韓歆是個好人，就是脾氣不好，不會說話。

蕭望之是蕭何的六世孫，他出仕時正值霍光專權，因看不慣霍光以勢凌人的做法，所以沒有得到重用。霍光死後，京城

第二章　朝廷砥石

長安下了一場冰雹，蕭望之一看，可逮到機會了，乘機上疏宣帝，藉春秋魯昭公時季民專權，魯國降雹，之後昭公被逐的事件，暗示如今陰陽不合，是因某個姓氏家族專權所致。此舉正和宣帝當時的心意，因此蕭望之很快得到宣帝的重用，後來一路高升，做到了二千石級的大官。

長安城治安差，尹賞出任長安令之後，派人在監獄中挖幾個垂直的大洞，堂大口小，四面圍上，覆以巨石，名之為「虎穴」，把凡是可能與盜賊有關的人全部抓來審訊，10個人裡才會放走1個，其餘的都扔在「虎穴」裡，幾天後打開一看，這些人全死了，百日後才允許家屬將其歸葬。長安城登時肅靜，人們寫了首歌：「安所求子死？桓東少年場。生時諒不謹，枯骨後何葬？」尹賞在捕殺盜賊時也濫殺了不少百姓，後因用刑失誤致人殘疾被免官。

蕭望之和王仲翁去拜見霍光。將軍府戒備森嚴，來人必須摘去兵器，由兩個侍衛挾持進門。蕭望之對這個規矩不滿意，說：「我不見了。」侍衛對他叫嚷亂扯，霍光讓他進來。蕭望之指責他這個規矩不合理，霍光不滿，獨不任用蕭望之。三年後，王仲翁官至光祿大夫給事中，蕭望之只是一個門房。王仲翁出入前呼後擁，趾高氣揚，對蕭望之說：你不肯循規蹈矩，得罪了執政者，結果不得大官而守門。蕭望之說：人各有志。

丞相孔光有一次出視轅陵，隨從官吏不行旁道，驅車在中央馳道亂跑，正巧被鮑宣遇見。鮑宣當即命左右將孔光從史拘

捕，車馬充公。孔光恨鮑宣不顧情面，耿耿於懷，千方百計排擠鮑宣。寵信孔光的漢哀帝便不問是非，派人到司隸府抓人，鮑宣閉門拒命。這下觸怒了皇帝，便被以「無人臣禮，大不敬之道」的罪名逮捕下獄，定為死罪。後被免去死罪，改罰髡鉗刑，流放上黨長子。

郅都以嚴刑峻法聞名，時人稱他為「蒼鷹」。廢太子劉榮因侵占宗廟地修建宮室犯罪，郅都奉旨到中尉府對證。劉榮恐懼，想要刀筆寫信給景帝謝罪，郅都不許。竇嬰派人悄悄送給劉榮刀筆，劉榮向景帝寫信謝罪後自殺身亡。竇太后得知長孫死訊後大怒，準備嚴懲郅都，景帝只得將他罷官還鄉，後又偷偷派郅都去邊關當郡守。竇太后得知景帝再次重用郅都，憤怒異常，立即下令逮捕郅都。景帝替郅都辯解：郅都是忠臣。竇太后說：劉榮難道就不是忠臣嗎？在她的干涉下，郅都終於被殺。

武帝即位後，下詔徵求治國方略。董仲舒在〈舉賢良對策〉中一系列地提出了「天人感應」、「大一統」學說和「罷黜百家，表彰六經」的主張。董仲舒從天人關係出發，根據「天尊地卑」思想，明辨了三綱五常，他認為天是至高無上的人格神，不僅創造了萬物，也創造了人。道出於天，天不變，道亦不變。他還認為天是有意志的，和人一樣有喜怒之氣，哀樂之心。天意是要大一統的，皇帝是受命於天來進行統治的。這種為鞏固集權專制制度為出發點的思想深受統治者歡迎，被歷代統治者奉為圭臬。

第二章　朝廷砥石

　　東方朔懷才不遇，寫了一篇〈答客難〉發牢騷。他假設有人向東方朔問難，嘲笑他雖有博聞辯智，卻難與蘇秦、張儀的地位相比。然後東方朔便辯解道：彼一時，此一時也，豈能一概而論呢？想戰國之時，周室衰微，諸侯並爭，得士者強，失士者亡，所以談說之士才會身處尊位，而如今天下一統，由朝廷掌握用人大權，賢與不肖沒有區別，用之則為虎，不用則為鼠，知識分子才智無所施展。然修身是士人本分，不能因時而異。自慰之中，又流溢身為知識分子內心的無奈與悲哀。

　　周陽由為政以嚴酷著稱。漢武帝時，二千石的官員數他最為殘酷驕橫，治理郡國，打擊豪強，連汲黯與司馬安若也對他敬畏三分。他斷案時，看得順眼的如果犯了死罪，就曲解法律使那人活下來；看不順眼的，就歪曲律令把他殺死。周陽由後來當了河東郡都尉，和太守申屠公爭權，互相告發。被漢武帝被處以棄市之刑。

　　周亞夫當丞相，趙禹當丞相史，丞相府中的人都稱讚趙禹廉潔公平，但周亞夫不重用他，說：「我很知道趙禹有才幹，但他執法深重嚴酷，不能在大的官府當官。」武帝見其文筆犀利，讓趙禹擔任御史，後又升至太中大夫，讓他和張湯一同負責制定國家法律，讓官吏互相監視，相互檢舉。趙禹為人廉潔傲慢，當官以來，家中沒有食客。三公九卿前來拜訪，趙禹卻始終不回訪答謝，務求斷絕一切來往，獨自專心處理公務。

　　義縱執法嚴峻。定襄治安混亂，義縱赴任後，先把獄中重

罪者200餘人定為死罪，又把私自探獄的囚犯親屬200餘人抓起，說他們為犯人開脫罪行，也一起判處死刑，最後把這400餘人同日斬殺。全郡人聞訊嚇得膽顫心驚，不寒而慄，定襄郡很快得到治理。後來，大臣楊可奉旨主持告緡事務，義縱認為這會擾亂民生民心，未請示武帝就派人抓了楊可的部下。武帝大怒，將義縱誅殺。

王溫舒性格暴虐不務正業。為搶奪路人財物，他常常在月黑風高之夜攔路搶劫殺人。王溫舒當廣平都尉時，以權勢大小行法，好殺戮。他選擇了十幾個亡命之徒作為自己的爪牙，暗中逐一掌握他們各自過去的罪證，然後放手讓他們去督捕盜賊。誰工作賣力，縱有百種罪惡也不加懲治；誰工作懶散，就依據他過去所犯的罪行除掉他，甚至滅族。齊地和趙地鄉間的盜賊不敢接近廣平郡，廣平郡竟因此落了個道不拾遺的「美名」。

尹齊是東郡茌平人，從文書小吏升為御史，因廉潔勇敢而受到張湯的稱讚。尹齊督捕盜賊從不迴避權貴皇親，嚴酷之名甚於酷吏寧成。武帝以為能，拜為中尉。由於尹齊督察苛刻，貪官汙吏和豪強惡霸雖有所收斂，但一般官吏也都因擔心觸犯刑律而畏首畏尾，不敢大膽治事，故諸事多廢，尹齊為此被免官，後來死於淮陽都尉任中。尹齊死後，全部家產也不滿50金。因尹齊殺虐過多，仇家要聯合焚燒尹齊的屍體，家屬只好偷偷將屍體運回原籍埋葬。

杜周本來是南陽太守手下的一名小吏，後來受推薦給張湯，

第二章　朝廷砥石

升為廷尉史。杜周辦事專門看上司的臉色，上司中意的人他就盡量開釋，上司厭惡的人他就加以打擊。有人批評他辦案不以法律條文為準繩，而以皇帝的意旨為轉移。減宣說，法律就是以皇帝意旨為準。在他任廷尉職期間被關入監獄的人數大增，入獄的時間也延長。杜周執法嚴峻，奏事稱旨，因而得到武帝的賞識，任命他為御史大夫，子孫相繼為高官，家資無數。

減宣是楊縣人，因為當佐史時很能幹，被調到河東太守府任職。將軍衛青派人到河東買馬，看到減宣工作賣力，就向皇上推薦，被徵召到京城當了大廄丞。減宣處理過兩個大案，即主父偃和淮南王造反的案件，株連無數，卻被稱讚為勇於判決疑難案件。減宣跟屬官成信有怨，成信逃到上林苑中，減宣派縣令射殺成信時，不巧射中了上林苑的門，被交付法官判罪。法官認為他犯大逆不道的罪，判定為滅族，減宣自殺。

光祿勳楊惲受讒被誅，張敞為楊惲好友，自然也在彈劾之列。宣帝惜其才能，不想罷免他。正巧張敞派他屬下的一個小官吏絮舜去查一個案件，絮舜認為張敞馬上就要捲鋪蓋滾蛋了，就回家給自己休了個假。有人批評絮舜，絮舜回答：「我為此公盡力夠多了，現在他不過是個五日京兆，還想辦什麼案子？」張敞聽後，立即將絮舜抓捕入獄，定了他的死罪。臨刑前，張敞派主簿拿著他的命令對絮舜說：「五日京兆怎麼樣？現在冬日已盡，還想再活下去嗎？」說完，即令斬首。

張釋之早年曾為看守宮門。按規定，人乘車經過宮門必得

下車。一天，皇太子與梁王同車入朝，經過宮門時沒下車，張釋之當場追上，不讓太子、梁王入殿，並上書劾奏兩人不敬。薄太后知道了這件事，文帝摘下帽子陪罪說：「怪我教導兒子不嚴。」太后頒下詔書赦免了太子和梁王的不敬之罪，此事才算完。文帝由此對張釋之十分看重，幾次提拔，後為掌管司法的廷尉。

漢文帝時，有人偷了高祖廟的玉環。文帝將此案發給張釋之，張說按法論當殺頭。文帝大怒：小民膽大包天，竟然偷盜先帝的廟器，我想你該誅殺他的全族，你竟然好意思拿法律來頂撞我！張釋之答：法律規定如此，我只能如此判決。如果現在加以族罪，那麼萬一有人盜劉邦墓，陛下又能用什麼更重的刑罰？文帝無語，批准了廷尉的判決。

漢文帝有一次在城內巡行至中渭橋時，有一人突然從橋下跑出，驚嚇了駕御車的馬匹，被捕後送廷尉處問罪，自供云：本在走路，聽說皇帝將經過的消息，躲到橋下，等了好久，以為皇帝已過，出來，一看不對，便想逃開，不料驚嚇了御車馬匹。張釋之按律罰金。文帝不滿，說：「此人驚了我的馬。幸虧我的馬馴良溫和，假如是別的馬，說不定我早被摔傷了，廷尉才判處他罰金！」張廷尉據理力爭，駁得文帝啞口無言，只好同意。

劉邦想廢黜太子而改立戚氏之子趙王劉如意，大臣周昌堅決不同意，與劉邦極力爭辯，劉邦問他理由何在，周昌有口吃

第二章　朝廷砥石

的毛病，說話費力，一時激動，也就口吃得更厲害了，他說：「臣口不能言，然臣期期知其不可。陛下雖欲廢太子，臣期期不奉詔。」周昌把本不需重疊的「期」字說成了「期期」。劉邦聽後大笑。呂后因為在東廂側耳聽到上述對話，見到周昌時，跪謝說：「如果沒有先生，太子差點就被廢了。」

文帝帶著竇皇后、慎夫人去上林苑遊幸，晚上開盛宴，由於慎夫人正受文帝的寵愛，在宮中常與皇后平起平坐，上林郎官把慎夫人的座位安排在與皇后對等的上席。中郎將袁盎見了，讓人把慎夫人的座位撤至下席。慎夫人大怒，不肯就坐。文帝也很生氣，拉著慎夫人回宮。袁盎進諫：陛下難道忘了呂后的人彘事件嗎？文帝一聽「人彘」，心驚膽跳，把袁盎的話告訴慎夫人，慎夫人也不敢太放肆，賜袁盎金五十斤。

朱雲性情狂直，一次在朝堂上指斥朝臣尸位素餐，並且請求斬殺佞臣張禹（成帝的帝師）。成帝大怒，欲殺之。朱雲死死抓住御殿欄檻不放，欄檻被折斷，在殿上大聲疾呼：臣在九泉之下與龍逢、比干作伴足矣，臣死不足惜，但未知朝廷該怎麼辦！陛下將蒙受殺直諫大臣的惡名。左將軍辛慶忌也免冠解印綬，叩頭為朱雲求情，直到叩頭流血。成帝怒氣稍解，免了朱雲死罪。被折斷的欄檻原樣修復，不讓換新的，以表彰忠臣冒死直諫的精神。

蕭何主持修建未央宮，設有東闕，北闕，前殿，武庫和太倉。劉邦回來，見到宮闕壯麗異常，很生氣，責備蕭何說：「天

下苦戰數年，動盪不安，成敗尚未可知，為什麼要修建這樣華麗的宮室呢！」蕭何說：「正因為天下尚未安定，才可以乘機修建宮殿，天子以四海為家，沒有壯麗的宮殿不足以顯示威嚴，並且可以不讓後世的建築超過他。」劉邦這才高興起來。

漢成帝昏瞶不堪，寵愛趙氏姐妹，形成了「趙氏亂於內，外家擅於朝」的局面。鮑宣上書給漢哀帝說，當今農民有水災旱災徭役繁多等七種損喪，又有官吏任意打死人刑罰苛刻七條死路，歸根都是公、卿、守、相貪殘成風的緣故。面對民怨鼎沸的局面，漢哀帝不得不演出了一場「再受命」的鬧劇，用求天求鬼神的方法，信從甘忠可的妖術，改建平二年為太初元年，改帝號為陳聖劉太平皇帝，不久便草草收場。

李固是東漢著名忠正耿直的大臣，年輕時便以學問而著名。外戚梁冀跋扈專權，李固在立帝問題上堅決與梁冀抗爭，後被含冤處死。李固臨死前寫了一封絕命書給胡廣、趙戒，信上寫道：「我李固既然受了朝廷的厚恩，就應竭盡全力，不顧生命的危險，立志匡扶漢室。想不到你們這些人一旦遭到梁氏外戚的脅迫就屈服了。你們身居要職，眼見王室即將傾倒而不扶，難道還有比這更嚴重的事嗎？我相信歷史是最公正的法官，我李固死而無憾。」

西漢時，權臣霍光執政，因之前有過上官桀等謀殺霍光的例子，所以要見霍光的官民都要露體被搜身，摘去兵器，由兩個侍衛挾持。只有蕭望之不肯聽他這套擺布，自動出閣，說：

第二章　朝廷砥石

「不願見。」霍光找來蕭望之，蕭望之對他說：「將軍以功德輔幼主，將以流大化，致於洽平，是以天下之士爭著來輔助你。但現在卻被搜索挾持，恐非周公相成王躬吐握之禮，致白屋之意。」但此時的霍光權勢正盛，哪裡肯聽他的意見，獨不任用蕭望之。

蓋寬饒為人性格剛直，高風亮節，志在奉公。平恩侯許伯喬遷新居，丞相、御史、將軍都去道賀，蓋寬饒卻沒去。許伯特地去請他，他才去。許伯說：「蓋君來遲，當罰酒。」蓋說：「我乃酒狂，不宜多喝。」丞相魏侯諷刺地說：「次公醒而且狂，何必酒也！」眾皆愕然。酒酣時，長信少府檀長卿起舞，表演猴子動作與狗吠，醜態百出，坐者無不大笑。唯有蓋寬饒厭惡之極，拂袖憤然離席而去。

周昌有一次在高帝休息時進宮奏事，正碰到劉邦和戚姬卿卿我我摟摟抱抱。周昌見此情景，回頭便跑，劉邦連忙上前追趕，追上之後，騎在周昌的脖子上問道：「你看我是什麼樣的皇帝？」周昌挺直脖子，昂起頭說：「陛下您就是夏桀、商紂一樣的皇帝。」高帝聽了哈哈大笑，卻也由此最敬畏周昌。這話，你敢說嗎？

公孫弘矯飾善變。一次，汲黯實在受不了他的矯情，對皇帝說：「公孫弘位在三公，卻蓋一床布被，這不明擺著在騙人嗎？」皇帝問公孫弘，公孫弘道：「實有此事，但我們做事，都有自己的原則。管仲任齊國之相，有三歸之臺，奢侈超出了

一般國君；齊桓公當霸主，也僭越了禮數。晏嬰為齊國之相，一頓飯從不吃兩種以上的肉菜，妻妾不穿絲織品，齊國不也治理的很好嗎？我身為三公而蓋布被，有損漢官威儀。汲黯說的很對，要是沒有汲黯對皇帝的忠誠，陛下哪能聽到這樣的真話呢？」皇帝認為公孫弘謙恭，對他更為優待。

有一年，大將軍王鳳的姻親琅琊郡太守楊肜郡中連續發生災害，丞相王商派人查辦，王鳳找王商說情，王商不理，上疏奏請罷免楊肜官職，不料奏章送上去後石沉大海。王商一擊不中，王鳳立即展開反擊，他命人搜集王商的「罪證」，教頻陽人耿定上書指控王商與其父親的奴婢通姦。成帝本不想罷免丞相，但王鳳一再堅持。迫於王鳳的壓力，成帝最終免除王商丞相之職，王商悲憤交加，免職三天後吐血而亡。

成帝時，西域都護段會宗遭受烏孫兵馬的圍攻，請朝廷發兵援救。朝中大臣商議數日，仍不能決。成帝找來陳湯，陳湯以年老多病推辭。成帝知他還在為先前被免職的事而耿耿於懷，便說：「國家有急，君其毋讓。」陳湯說不用擔心戰況。成帝問為何，陳湯答：「胡兵的戰鬥力不如漢兵，現在圍攻會宗的烏孫兵馬不足以戰勝會宗，陛下儘管放心。即使發兵去救，路途遙遠，根本來不及。」他還推算了日期說：「現在那裡的包圍已經解除。不出五天，會有好消息的。」四日後果然有烏孫兵已解圍軍書報回。

諸葛豐，諸葛亮遠祖，以剛直著稱於世，漢元帝時任司隸

第二章　朝廷砥石

校尉。元帝的一個親戚叫許章,很受漢元帝寵幸,經常做一些違法亂紀的事,諸葛豐拿著皇帝賜的符節去逮人。許章得知消息後溜到皇宮裡去抱皇帝的大腿了。諸葛豐奏請皇帝依法懲治許章,結果被元帝下令收回符節,降為城門校尉。諸葛豐繼續檢舉不法官員,反被元帝說他誣陷大臣,可憐他老了,不忍加刑,免為庶人。

東漢時有個叫張禹的,性格篤實節儉。父親過世時,當地百姓資助辦理喪事的財物達到數百萬,他都沒有接受,還把家裡的田地住宅讓給伯父,自己寄居在伯父家裡。張禹升至揚州刺史,一次要過江巡察,百姓說江中有伍子胥的冤魂,難於涉渡,官吏勸阻張禹。張禹斥責道:「伍子胥如果在天有靈,知道我現在渡江是要去澄清冤訟之事,怎麼會為難我呢?」遂鼓楫順利渡江。

李子春當過琅琊相,不守法度,掠奪兼併,大家都很怕他。趙憙聽說他的兩個孫子殺了人沒有被查出來,不斷地追問實情,並把李子春收捕拷問,李子春的兩個孫子聽聞後自殺。京城裡有很多人為他求情,趙憙都沒有理會。當時趙王劉良快病死了,皇帝來到趙王身邊,問他還有什麼未了之事。趙王說,我和李子春關係不錯,現在他犯了罪,懷縣縣令趙憙要殺了他,希望能讓他活命。皇帝說,官吏依法行事,法律才不會白設,你說個別的吧!趙王無語。

鮑永當司隸校尉時,以打擊豪強而著稱。一次,劉秀的叔

父劉良在為來歙送喪歸來時,與右中郎將張邯相遇於城門之中。由於城門內道路狹窄,劉良一面喝斥張邯回車讓道,一面又召來城門官訓斥,並讓城門官為他磕頭謝罪。鮑永得知此事後,彈劾劉良依仗權勢凌辱京城官吏的強霸行為。鮑永的強硬作風打擊了親貴的跋扈氣焰,劉秀常常對別人說:「貴戚且宜斂手,以避二鮑(另一位是鮑恢)。」

黃霸當官時,有一次想考察百姓的境況,挑了一位年長廉潔的屬吏去民間私訪,並告誡他不要洩露出去。屬吏出發後,不敢在驛站停留,不料在道旁吃飯時,被烏鴉搶了碗裡的肉。這一幕恰好被一路人看到,他正好要去郡府,順便把這事告訴了黃霸。屬吏回來後,黃霸慰勞他說:「你辛苦了!路邊吃飯時,碗裡的肉都被烏鴉奪走了。」屬吏大驚,以為黃霸對他的行蹤瞭如指掌,於是對黃霸的問題都如實回答。

石慶是漢武帝的司機。一次,石慶為漢武帝駕車外出,武帝故意逗石慶,問他:這輛車上有幾匹馬?石慶趕緊用馬鞭逐匹數完以後,才認真地舉起手說:「六匹」。武帝見他這樣認真,心裡很滿意,不久之後調他任齊國的丞相。石慶做事勤勉謹慎,溫和愛民,全齊國的人都仰慕他們石家的家風,石慶根本不用說話,齊國就得到了大治。齊地的人後來還為紀念石慶,特地建了座「石相祠」。

梁冀專權,結黨營私。有位叫吳樹的人新任為宛縣令,到梁冀那裡去辭行。宛縣有很多梁冀手下的惡霸流氓,梁冀要吳

第二章　朝廷砥石

樹多多關照。吳樹回答:「對那些做壞事的小人,應該殺絕。大將軍居高位,又是皇后的親兄,理應尊崇賢良的人,以補益朝廷。宛縣是大縣,士人很多,但未聞有賢才得到任用,所用多是小人,因此我不敢從命。」吳樹說到做到,到任後誅殺數十名惡霸。梁冀將吳樹召至府中,賜酒將其毒死。

南陽是漢光武帝的家鄉,南陽太守懼怕這些帝鄉貴戚,不敢秉公執法。王暢赴任後,糾發吏奸,不料等他要依法懲治這些不法權貴時,卻正碰上朝廷大赦。王暢越想越氣,又羅織罪名,令那些受贓兩千萬以上的人來自首,有不來的一律沒收家產。若有把家產藏匿在外的,就派官吏推倒房子砍掉樹木,埋掉水井踏平灶臺,弄得豪門大族大震。

孔光是孔子第十四代孫,西漢成帝時祕書。孔光很能保密,從不洩漏朝廷機密。每當節假日回家休假,與家人聊天時,他也從不談及朝廷和尚書省的政務大事。有人問孔光:「長樂宮溫室殿旁種的是什麼樹呀?」孔光只是嘻嘻哈哈,不予正面回答,用其他話題岔開。後世文人多以「溫樹」、「溫室樹」用為居官謹慎、言語不洩的典故。

劉陶對於打擊黑社會很有一套。當時有個順陽縣黑道橫行,經常有不法分子勾結官差橫行鄉里。他在當上順陽縣令後,招募了一批敢打敢拚的黑社會分子,對他們說:從前的帳一筆勾銷,以後要改過自新,將功贖罪。之後,劉陶用這批黑幫份子去打擊其他古惑仔,以暴制暴,很快收到了效果,順陽縣從此

太平無事。劉陶生病要回鄉,老百姓難捨難分,寫下歌謠歌頌劉陶:「邑然不樂,思我劉君。何時復來,安此下民。」

第二章　朝廷砥石

第三章
文化盛宴

　　史游，西漢元帝時的宦官，任黃門令，精字學，工書法。他曾用隸書草寫的方法書寫《急就章》，曰：「師猛虎，石敢當，所不侵，龍未央」。《急就章》是中國古代兒童啟蒙學習的書籍，因為首句有「急就奇觚與眾異」，所以取前兩字為篇名。這種寫法解構了隸書的結體，簡略了筆畫，只留存字的梗概，草草書寫間縱任奔逸，後人因而將這種書體名為章草。

　　曹喜，東漢扶風平陵人，漢章帝時為祕書郎。曹喜還善小篆，與李斯不相上下，西晉書法家衛恆曰：「喜善篆，小異於李斯。」可見其功底之深。曹喜工篆、隸，擅長篆書，尤以創懸針垂露之法著名。所謂懸針和垂露，本是對兩種豎劃的形容。凡豎劃下端出鋒的，其鋒如針之懸，叫做「懸針」；不出鋒的，其圓如朝露之垂，叫做「垂露」。曹喜書跡不存，著有《筆論》。

　　杜度，東漢京兆杜陵人，一說原名操，魏晉人因避曹操名諱，改稱杜度。杜度是漢章帝時的人，做過齊相，以善章草著名。東漢章帝是一個書法愛好者，特別喜歡當時剛剛出現不久的章草，尤其喜歡章草名家杜度的書法，曾經下詔令，讓杜度

第三章　文化盛宴

上書時必須用章草。可見其對杜度章草的喜愛程度,據說「章草」的得名就是因為漢章帝。梁時庾肩吾《書品》列杜度的書品為上之中,唐代的張懷瓘《書斷》列其章草為神品,草書大家懷素稱他的章草為「天然第一」。

崔瑗,漢代名書法家,尤善草書,漢章帝時與杜度並稱「崔杜」,曾經因為替兄長報仇殺人而亡命天涯,遇赦後入仕,當過濟北相。崔瑗四十多歲才當上郡衙的辦事吏員,後來因事被關進東郡發干縣的監獄。當時的獄管精通《禮學》,每次提訊時,崔瑗都順便請教一二,其好學精神實在令人稱道。崔瑗後來經歷了宦海沉浮,在總結自省之後,寫了一段自戒之詞,嘗置座右,故曰座右銘,因此,崔瑗也是座右銘的發明者。

西漢初施行「郡國並行制」,兼取西周分封制(封國)和秦郡縣制。楚漢戰爭時,劉邦為了分化項羽的陣營,壯大自己的力量,分封了一些宗室和功臣為王。各諸侯王在封國內是國君,權力很大,除太傅和丞相由中央任命外,自御史大夫以下的各級官吏,都由諸侯王自己任命。其他地區作為郡縣直接受中央管轄,是為郡(縣)。

漢代中央政府實行「三公九卿」制,即三個宰相加九個部長。「三公」分別為丞相、太尉及御史大夫。丞相的職位相當於現在的總理;太尉相當於現在的三軍總司令,是最高軍事長官;御史大夫是副丞相,管監察,相當於現在的副總理兼監察部長。「九卿」就是九個部長,廷尉就是司法部長兼最高法院院長。

漢朝以前，貨幣多以黃金和銅錢為主。漢初貨幣主要以黃金和秦制半兩錢為主，呂后鑄八銖半兩，繼而更鑄「五分錢」，之後減重現象越來越嚴重。武帝鑄五銖錢，由於五銖錢的輕重、大小適宜，更能適應商品交換的需求，所以成為中國貨幣史上流通時間最長的貨幣，歷經西漢、東漢、三國、魏、晉、南北朝、隋諸朝代，直至唐武德四年，才由銖、兩貨幣改為按數計算的通寶制，五銖錢先後行用了700多年之久。西元30年，公孫述在成都鑄造鐵錢，這是歷史上首次用鐵作為鑄幣的材料。

西漢末年，御史大夫更名大司空，御史府改作御史臺，由御史中丞主管監察事務。到東漢時，御史臺稱憲臺，仍以御史中丞為長官，但職權有所擴大。御史臺實際上就是最高的監察機關，它與尚書臺、掌管宮廷傳達的謁者臺，同稱「三臺」。西漢時為加強中央對地方的控制，全國分為13個監察區，叫州部，每個州部設刺史1人，對州部內所屬各郡進行監督。東漢時，全國也分為13個監察區，包括1個司隸（中央直轄區）和12個州。司隸設司隸校尉1人，地位極為顯赫，朝會時，與尚書臺、御史中丞一樣平起平坐，號曰「三獨坐」。

漢武帝時，由於戰爭等原因，國庫出現了較大的財政困難。武帝為解決這一問題，制定了很多財政政策。比如，他針對商業和手工業從事者徵收資產稅的「算緡令」，要求他們申報自己的貨物資產，並對他們分別徵收12％和6％的資產稅。為了鼓

第三章　文化盛宴

勵對那些隱瞞財產的富人商賈進行告發，漢武帝推行財產申報政策，頒布了「告緡令」，即告發人能獲被告者一半財產作為獎賞。即便如此，當時社會上隱瞞財產、抗拒繳稅的情況還是非常嚴重的。

漢代兵制是全國皆兵的。男子從二十三歲才開始服兵役，其兵役分幾種，一種是到中央當衛兵，一種是到邊郡作戍卒，一種是在原地方服兵役。漢代中央軍隊有兩支：一稱南軍，一稱北軍。南軍是皇宮的衛隊，北軍是首都的衛戍部隊。到中央當衛兵期限一年，但條件極為優待，來回旅費由中央供給，管吃管住。到邊郡作戍卒比較辛苦，卻只有三天。

漢代選拔官吏時主要採取察舉制和徵辟制。察舉制就是由各地方州郡的長官在轄區內隨時考察、選取人才，推薦給上級或中央，經過試用考核，再任命官職。徵辟制是皇帝徵聘社會知名人士到朝廷充任要職。舉孝廉是察舉常科的主要科目，是入仕的正途；舉秀才的對象為現任官吏。但到了東漢後期，察舉多為世族大家壟斷，互相吹捧，弄虛作假，當時有童謠諷刺：「舉秀才，不知書；舉孝廉，父別居。」

西漢官員的等級是按照俸祿的多少來區分的，而俸祿是以給多少糧食為標準的。秩為官員等級標準，祿為官員的報酬，米穀的重量以「石」作為重量單位。石作為計量單位，有兩個用法：作為容量單位時，一石等於一斛，一斛等於十斗，即一百升；作為重量單位時，一石等於四鈞，一鈞等於三十斤。東漢

時祿秩變化不大，但給付方式改成半錢半穀，也就是一部分給糧食，一部分折算成錢。

《史記》和《漢書》都寫到了貨殖傳，但司馬遷和班固的寫作思想及經濟思想則大異其趣。司馬遷反對「重農抑商」，強調人人都有求富的權利，個人可以憑著自己的智慧，在自由競爭的環境中創業致富。班固則信奉「重農抑商」，對創業致富的人，扣上「逼上並下」的罪名，並且說這些發財的人，生活奢侈，衣食和王侯一樣，是敗俗傷化的事。二人不同思想，反映了古代社會兩種經濟思想的嚴重對立。

司馬遷認為，政府經濟政策的原則應該是：「故善者因之，其次利導之，其次教誨之，其次整齊之。最下與之爭。」最好的辦法是順應自然，對人們的經濟生活不加干涉，即現在所謂的自由主義經濟政策；其次是對於好事就多分配一點利益，對於不好的事就縮減利益，這樣會產生激勵作用，可以引導社會健康地發展；再次使用教育的方法說服人民，再次是強制和干涉，最下策是與民爭利，政府要脫離企業，裁判不能兼做運動員。

民間有諺語云：「百里不販樵，千里不販粟」。因為運輸成本太高，如果把木材運到百里以外，就賣不到好價錢了。同樣地，把糧食運到千里之外的地方，自己在路上就要吃掉大半，所以也不划算。買賣貨物不能捨近求遠，價值較低的商品更是如此，應力爭降低成本。

第三章　文化盛宴

　　魯地民俗節儉吝嗇，而曹邴氏尤為突出，他靠冶鐵起家，財富多達幾萬錢。然而，他家父兄子孫都遵守這樣的家規：低頭抬頭都要有所得，一舉一動都要不忘利。他家租賃、放債、做買賣遍及各地。由於這個緣故，鄒魯地區有很多人丟棄儒學而追求發財，這是受曹邴氏的影響。

　　胡毋生是西漢著名的經學家、儒家學者、「公羊學」家。景帝時官至博士，與董仲舒同業，董仲舒曾經著書稱頌他。胡毋生是漢代最早傳承公羊學的大師之一，公羊學派是儒家經學中研究和傳承《春秋公羊傳》的一個學派，在這之前，公羊師說都是口耳相傳，胡毋生協助公羊壽將公羊師說寫在竹帛上，才使《公羊傳》成書，擴大了公羊學的傳授。公羊學在漢代大顯於世，但在一千多年之中卻逐漸消沉，直到近代才又興盛起來。

　　揚雄是西漢時期的哲學家。為人口吃，但博覽群書，潛心思考，長於辭賦。揚雄是繼司馬相如之後西漢最著名的辭賦家，所謂「歇馬獨來尋故事，文章兩漢愧揚雄」。除了在辭賦方面頗有成就外，揚雄的思想也值得重視。他繼承、發展了自老子、嚴遵以來的自然辯證法，提出以「玄」作為宇宙萬物根源的學說，說明「有生者必有死，有始者必有終」的自然規律，具有鮮明的無神論傾向，駁斥了方士的學說，著有《太玄》、《法言》、《方言》、《訓纂篇》。

　　劉向，原名更生，是西漢著名的通儒。身為漢代新道家的代表人物，劉向在其代表作《淮南子》中反思了秦王朝滅亡的歷

史教訓，吸收了先秦諸子的政治學說，以道家思想為基點，建構了「以精神的解放、與政治理想兩相結合」的新道家的治國理念。劉向強調以民為本的社會變革，摒棄儒家和法家的偏頗，認為國家的最高領袖要虛心納諫，摒棄一言堂，匯聚群臣力量和集體智慧合力治國。

王充是東漢時期唯物主義思想家。在他生活的那個時代，唯心主義及迷信思想在思想界占有絕對統治地位。王充身為東漢流行讖緯思想的「異端」，對天人感應和讖緯思想進行了猛烈的批判，勇於議論經典之書、聖賢之言的是非得失。他堅持唯物主義自然觀，把無神論的思想寫進了他的重要著作《論衡》中。王充還有不少有關養生學方面的論述，他指出「美酒為毒，酒難多飲，蜂液為蜜，蜜難多食」，主張節制嗜慾，以養成良好的生活習慣。

王符是東漢時期著名的思想家。當時的朝廷，外戚當政，宦官專權，朝政腐敗黑暗，階級矛盾日益激化。王符個性耿介，終身不仕，一心隱居著書，諷刺時政。在其代表作《潛夫論》中，王符提出了民本論、德化論、重賢論、明君論和重法論等治國思想。他繼承和發揮了先秦以來的儒家「民本」思想，重視民生問題，認為治國必須重德化，當權者要重視賢才，以身作則為萬民做好表率，在以德治國的同時加強法治，對後世產生了深遠的影響。

讖緯之學是流行於中國兩漢時期的一種學說，讖是將一些

第三章　文化盛宴

自然界的偶然現象偽託為神靈天命的徵兆，編造而成的隱語或預言；緯是以迷信方術、預言附會儒家經典。光武帝劉秀以圖讖興，當上皇帝後繼續把讖緯當作一項重要的統治工具，多次利用圖讖強化帝國統治，並力圖把它合法化。比如光武帝去泰山封禪，就是為了使得河圖洛書日益正統化和神聖化，把圖讖國教化。

嚴君平是西漢道家學者，思想家。他曾隱居成都市井中，以占卜耆龜替人看相為業。嚴君平曾著有《老子指歸》十萬餘言，在這部書中，嚴君平著重講述了人的認知的主體問題，詳細地說明了世界與人的生命主體是相互作用的一組關係，比近代哲學之父法國的笛卡兒認識論哲學的起點「我思故我在」要早1,600年，對中國禪學的產生也有相當大的影響。

司馬遷寫《史記》，從上古傳說中的黃帝時代開始，止於武帝太初年間，太初以後的就不寫了。因為漢朝部分不完整，後來褚少孫、劉向、劉歆、馮商、揚雄等十多位學者都曾寫過續集。但班彪認為續作「多鄙俗」，看不上，決定自己寫一部史書，結果沒寫完就去世了。班彪的兒子班固接手了父親的工作，結果也只寫完大部分就去見他父親了。妹妹班昭接過哥哥的接力棒，續寫班固遺作，然尚未完畢，班昭便卒，最後還是班昭的門生馬續為前人的付出畫上了句號，這部書就是《漢書》。

西漢末年，劉向校錄群書時在皇家藏書中發現了六種記錄縱橫家的寫本，但是內容混亂，文字殘缺，於是劉向按照國別

編訂了《戰國策》。書中記錄的多是戰國時縱橫家為其所輔之國的政治主張和外交策略。需要說明的是，劉向只是戰國策的校訂者和編訂者，真正的作者已不可考。

王充自幼喜讀書，且過目不忘。因為家裡窮，沒有書可讀，王充常在洛陽的市集上蹓躂，看人家書攤上賣的書，看過一遍後就能背誦，因此學識很淵博。因為對朝廷的腐敗看不慣，王充索性不做官，閉門謝客，拒絕應酬，窩在家裡寫了一本《論衡》，宣傳科學和無神論，對迷信進行了批駁。《論衡》共八十五篇，是王充用了三十年心血才完成的，被稱為奇書，是古代一部不朽的唯物主義的哲學文獻。

西漢時魯人毛亨為《詩經》作訓詁傳，在其家族中內部傳授。河間獻王劉德看到這個本子後，把它獻給了朝廷。漢人傳詩的本子有四家，分別為毛詩（毛亨所傳）、魯詩（申培公所傳）、齊詩（轅固所傳）、韓詩（韓嬰所傳）。《毛詩》採用古文，研究此學的被稱為古文經學。其餘三家詩皆採用今文，研究此學的被稱為今文經學。毛詩後來崛起，逐漸取代三家地位，三家詩逐漸失傳。現在讀到的《詩經》，即是由毛亨和毛萇流傳下來的。

秦時焚書，博士伏生暗將《尚書》藏於牆壁之夾層內，由此逃避焚燒之難。漢初，伏生掘開牆壁發現尚有29篇保存完好，於是以此在民間講學。文帝欲召伏生進朝講《尚書》，但此時伏生已年逾九十，不能出行，只好派晁錯到伏生家中，當面授

第三章　文化盛宴

受。伏生年邁，口齒不清，只有其女羲娥才能聽懂他的話，只好先由伏生言於其女羲娥，再由羲娥轉述給晁錯，稱為今文《尚書》。後來魯恭王在拆除孔子故宅一段牆壁時，發現了另一部《尚書》，是用先秦時代的古字型書寫的，稱為《古文尚書》。

司馬遷去世後，家人把《史記》轉移藏匿在他女兒司馬英家中。司馬遷有兩個外孫，楊忠和楊惲。楊惲自幼聰穎好學，母親把自己珍藏著的這部《史記》拿出來給他讀。楊惲讀此書，愛不釋手，且每讀一遍總是熱淚盈眶，扼腕嘆息。漢宣帝時，楊惲被封為平通侯，看到朝政清明，想到他的外祖父這部鉅著塵封了二十年，也該是重見天日的時候了，於是把《史記》獻了出來，公開發行，從此天下人才得以共讀這部偉大的史著。

〈子虛賦〉講楚王派子虛去訪問齊王。齊王率全國遊獵能手陪同子虛外出打獵，子虛竭力向陪同的烏有先生吹噓楚王的遊獵盛況，故意貶低齊王。烏有先生立即替齊王辯駁，向子虛發難。漢武帝讀其〈子虛賦〉感嘆：「可惜不能與此人同時代」。大臣回應道：「正是我現在的老鄉司馬相如所寫。」漢武帝得知司馬相如即同時代人時，雖任其為中郎將，卻始終視其為倡優之人。

漢代文學繼承了《詩經》、《楚辭》和先秦散文的傳統，開拓了辭賦、史傳、樂府詩等新的文學領域。漢樂府詩在漢代文學中也占有很重要的地位，《漢書・藝文志》收詩歌共28家，314篇，其中以各地民歌占多數。樂府本是掌管音樂的官署的名

稱，後被武帝擴大機構，一方面為文人創作的詩配製樂曲，一方面大規模地採集民歌。後人就把由樂府機構採集、整理的歌詞稱為「樂府詩」，代表作有〈孔雀東南飛〉和〈陌上桑〉。

《方言》是中國最早的方言學著作，西漢揚雄著，其體例模仿《爾雅》，分類編集各地方言同義詞語。比如，為了說明蟬的異地異名，書中列舉了不同地方的不同稱呼：「蟬，楚謂之蜩，宋衛之間謂之螗蜩，陳鄭之間謂之螂蜩，秦晉之間謂之蟬，海岱之間謂之䗁。其大者謂之蟧，或謂之蟧馬；其小者謂之麥蚻，有文者謂之蜻蜻，……大而黑者謂之䗺，黑而赤者謂之蜺。」

東漢獻帝年間，廬江府小吏焦仲卿娶妻劉蘭芝，但不受其母待見，被遣回娘家，自誓不嫁。家人逼她再嫁，劉蘭芝被逼無奈，投水而死。焦仲卿聞之，亦自縊於庭樹，雙雙殉情而死。後人為了紀念他們之間堅貞不渝的愛情，寫了一部長篇敘事詩，熱情歌頌了劉蘭芝、焦仲卿夫婦的愛情，這就是稱為古今第一首長詩的〈孔雀東南飛〉，與南北朝的〈木蘭辭〉並稱「樂府雙璧」。

漢朝時有首樂府詩叫〈陌上桑〉，裡面講了這麼一個故事：秦家有女，自名羅敷。有一次出門採桑，眾人都被秦羅敷的美麗傾倒，耕地的人忘了犁地，路人放下擔子捋著鬍子注視她，小夥子脫帽重整頭巾，希望引起羅敷對自己的注意。太守乘車經過，見到羅敷，派人去問是誰家的姑娘，又請她和自己一起乘車，被羅敷嚴詞拒絕，並在太守面前誇讚自己的丈夫仕途通達、威儀赫赫，以此徹底打消太守的邪念。

第三章　文化盛宴

西漢末年,經學大家張禹精研《論語》。他根據《魯論語》,參照《齊論語》,另成一論,稱為《張侯論》。此本成為當時解讀《論語》的權威讀本。當時的儒生都說:「欲為《論》,念張文。」今天通用的《論語》仍是《張侯論》。

許慎是漢代有名的經學家、文字學家、語言學家,是中國文字學的開拓者,有「五經無雙許叔重」之讚賞。許慎博學經籍,歷經21年,著成的《說文解字》,歸納出了漢字五百四十個部首,是中國第一部說解文字原始形體結構及考究字源的文字學專著。所以研究《說文解字》的人,皆稱許慎為「許君」,稱《說文》為「許書」,稱傳其學為「許學」。

漢朝有一種鏡子,當平行光射到鏡面時,反射出的竟然是鏡子背面的花紋,這種神奇的銅鏡在古代常常被稱為「魔鏡」。這其中的祕密流傳千年,直到1960年代初才被解開。原理說來簡單之極:這種銅鏡在鑄造冷卻和加工研磨過程中產生應力,使鏡面產生了與鏡背紋飾相應的起伏不平狀。這種起伏靠目測和手感很難察覺,在光線照射下卻很清晰,從而產生奇妙的影像效果。

造紙術是中國古代的四大發明之一。東漢時,蔡倫任尚方令後,利用供職之便,常到鄉間作坊檢視,受蠶婦繅絲漂絮的啟發,收集麻皮、破布、廢漁網等常見的材料,把它們搗碎,做成紙漿。元興元年上奏皇帝,和帝大加讚賞,蔡倫的造紙術很快傳開。人們把這種紙稱為「蔡侯紙」。全國「莫不從用焉」。

東漢時期，地震頻繁。張衡意識到僅僅記錄地震是遠遠不夠的，只有像天氣預報那樣，提前預報，才能將損失減到最小。於是張衡及太史令署科學家深入探索研究，於西元132年研製成功了中國第一臺觀測地震的儀器——候風地動儀。哪個方位發生地震，龍口銅丸就會掉入蟾蜍口中。此儀器先後測試出了三次發生於候風地動儀腳下的洛陽地震，雖沒有實現預報地震的目標，但收到了測試地震方位的效果。

　　張衡觀測記錄了兩千五百顆恆星，創製了世界上第一架能比較準確地顯示天象的漏水轉渾天儀。他還改進了計算圓周率的方法。除了在星表中記錄了2,500個星星，他還研究了月亮和太陽的關係。他討論了月球的球形、它反射陽光亮的一面和黑暗的一面，以及日食和月食的原理。聯合國天文組織曾將太陽系中的1802號小行星命名為「張衡星」。

　　劉洪是東漢傑出的天文學家和數學家，相傳是他創造了〈正負數歌訣〉。劉洪博學多聞，偏於數學，他的算術能力在當時無人能比，漢靈帝時，太史蔡邕推薦他到了京城專門從事曆法研究。劉洪潛心研究天文曆算，創造了中國第一部曆法《乾象曆》，這是歷史上第一部提到「月球運動不均勻性」的曆法。在《七曜術》裡，劉洪還精確地推算出了「五星會合」的週期以及它們執行的規律，被後世尊為「算聖」，為漢朝的科技發展成就做出了巨大的貢獻。

　　漢靈帝劉宏雖治國無術，不管天下興亡，但卻醉心研究建

第三章　文化盛宴

築和排水系統，在宮殿裡設計了一整套上下水系統，也即地下排水系統。成功以後靈帝又要讓老百姓都喝上自來水，於是在京城裡面大動土木。如果不是生在帝王家，漢靈帝將會是一位優秀的建築專家；同樣的，明熹宗朱由校將會是一位出色的木匠。

漢朝是中國飲食文化多采多姿的時期，漢元帝時就已經出現了在「溫室」種植蔬菜的例子。當時，在太官園中蓋了房子，裡面種植著冬天生長的蔥、韭等蔬菜，白天夜晚都要靠燃燒來供暖，這些蔬菜也要等達到一定的溫度時才能生長。不料大臣召信臣卻認為這些都是不合季節的東西，對人體有害，不適合用來供奉給皇上，奏請皇帝將其廢除。

漢代服飾的主要特點是交領、右衽，不用釦子而用繩帶連接，給人一種灑脫飄逸的印象。漢服從形制上看，主要有「上衣下裳」制（裳在古代指下裙）、「深衣」制（把上衣下裳縫連起來）、「襦裙」制（襦即短衣）等類型。其中，上衣下裳的冕服為帝王百官最隆重正式的禮服；袍服（深衣）為百官及士人常服，襦裙則為婦女喜愛的穿著。普通勞動人民一般上身著短衣，下穿長褲，並在衣外圍罩布裙；這種裝束不分工奴、農奴、商賈、士人都一樣。

漢代的飲食種類十分豐富。張騫出使西域時，引進了石榴、芝麻、葡萄、胡桃（即核桃）、西瓜、甜瓜、黃瓜、菠菜、胡蘿蔔、茴香、芹菜、胡豆、扁豆、苜蓿（主要用於馬糧）、萵筍、大蔥、大蒜，還傳入一些烹調方法，如炸油餅，中原的

桃、李、杏、梨、薑、茶葉等物產以及飲食文化傳到了西域。淮南王劉安發明豆腐，使豆類的營養得到消化，物美價廉，可做出許多種菜餚，極大豐富了人們的飲食生活。

西漢都長安，承「土」運，所以一切都以黃色為尚，但黃色是皇帝的服裝，並非臣屬們的服裝顏色。皇帝、貴族和高官們都喜歡戴冠，有長冠、委貌冠、爵弁、通天冠、高山冠、建華冠、法冠、遠遊冠、武冠、方山冠、術士冠等，但普通老百姓和士大夫還是習慣包頭巾，因為包頭巾既便於勞動，也不會有失身分。東漢都洛陽，交「火」運，所以巾旗衣飾概以紅色為主，武官戴鶡尾冠，文官戴進賢冠。

加冠是古代男子的一項重要成人儀式。加冠，是代表成年的意思，從此之後，你要開始擔負國家稅賦義務了。冠禮一般在宗廟中進行，由父親主持，並由指定的貴賓為行冠禮的青年加冠。漢文帝之前，中國以男人二十為加冠之年，文帝為了減輕老百姓稅賦，把老百姓承擔國家稅賦義務的年齡提升到了二十三歲，即把成年加冠之年往後延了三年。當時的富貴人家子弟的加冠，大多加以正式之冕冠。老百姓加冠，無非就是包個頭巾而已。

漢朝時，北方的游牧部族盛行收繼婚的現象。所謂的收繼婚，即父親死後，兒子就娶庶母；兄長死後，弟弟就娶嫂子。後來漢朝嫁烏孫的細君公主、解憂公主和嫁匈奴的王昭君，在原任丈夫死後都按照習俗改嫁了繼位的前王之子，甚至再嫁其

第三章　文化盛宴

孫（細君公主再嫁的就是烏孫王的孫子）。

漢朝建立後，一般制度多無太大改變，冠服制度也大都承襲秦制，直至東漢明帝永平二年，才算有正式完備的規定。不僅服飾有制度，漢代的鞋履也有嚴格的制度：祭服要穿舄、朝服要穿率、出門要穿屐。婦女出嫁要穿木屐，還需在屐上畫上彩畫，繫上五彩的帶子。

春節是民間最隆重最富有特色的傳統節日，在唐虞時叫「載」，夏代叫「歲」，商代叫「祀」，周代才叫「年」。「年」本意指穀物生長週期，穀子一年一熟，所以春節也是一年一次，進行祭祀神鬼、祖先等活動。《史記》記載，自漢朝初期起，春節定位正月初一，並一直延續至今，成為社會風俗，並流傳至今。傳說餃子為醫聖張仲景首創。當時的餃子是藥用，張仲景用麵皮包上一些藥物用來治病，避免病人因為苦味而影響吃藥。

漢朝時，老百姓一天只吃兩餐，早餐叫「朝食」，晚餐叫「饟食」。諸侯吃三餐，西漢時，給叛變被流放的淮南王的聖旨上，就專門點出，「減一日三餐為兩餐」。只有皇室四餐：平、晝、鋪、暮。吃飯時，大家都是席地而坐，將碗、盤放於木案或石案上。平常用餐多用筷子，吃肉時用刀在砧板上切著吃。盛放食物的器皿也有多種，平民百姓多用陶製器皿，王宮貴冑與富貴人家多用漆器、竹器或者金屬器皿。

漢朝時，上至皇室貴族官僚豪富，下至平民百姓，都十分

喜愛歌舞。王宮貴冑與富貴人家都蒐羅了大批樂人，有些高級貴族甚至發展到與人主爭女樂的地步。漢代的樂舞也十分豐富，郊廟祭祀有雅樂，民間祠有鼓舞樂，天子進食有食舉樂，歡宴群臣有黃門鼓吹樂，振旅獻捷有軍樂，出行鹵簿有鼓吹樂，豪富吏民賓婚嘉會有樂，喪葬有輓歌。

漢代的樂歌大致分為「相和歌」和「鼓吹樂」兩大系統，這兩大系統構成了漢代歌唱和音樂的主旋律。漢代的「相和歌」湧現出大量優秀作品，如〈江南〉等。〈江南〉是一首漢代民歌，其歌辭是：「江南可採蓮，蓮葉何田田，魚戲蓮葉間。魚戲蓮葉東，魚戲蓮葉西，魚戲蓮葉南，魚戲蓮葉北。」

劉邦稱帝後，鑑於全國新形勢，感到當初臨時制定的約法三章太過簡略，不足以「御奸」，於是令蕭何參照秦朝法律：「取其宜於時者，作律九章。」蕭何在保留《秦律》六章的基礎上，補充了《戶律》、《廄律》、《興律》三章，史稱《九章律》，後世稱之為「漢律九章」。

劉秀登基後，為了減輕人民的負擔，達到安定民心、發展經濟的目的，制定了一系列的改革措施，恢復了三十稅一的輕稅制度，大規模精兵簡政，減輕人民賦稅、徭役的負擔。為了清除奴隸制度，劉秀前後六次頒布釋放奴隸、三次頒布了禁止虐殺奴隸的詔令，鬆弛了社會關係。為了安置流民穩定民心，劉秀丈量土地，招徠流民歸田生產，興辦屯田，興修水利，為百姓帶來極大的便利。

第三章　文化盛宴

西漢初年，沿用秦朝的《顓頊曆》。但《顓頊曆》行用百餘年，已出現較大誤差。西元前 104 年，漢武帝命司馬遷、星官射姓、曆官鄧平與民間曆算家落下閎、唐都等二十多人編制《太初曆》。《太初曆》第一次把有利於農時的二十四節氣訂入曆法，規定一年等於 365.2502 日，一月等於 29.53086 日；將原來以十月為歲首改為以正月為歲首；以沒有中氣的月分為閏月，推算出 135 個月有 23 次交食的週期。《太初曆》是中國歷史上第一部較為完整的曆法，從漢武帝太初元年至漢章帝元和元年，此曆共實行了 188 年。

中國的紀年，在武帝之前只有年數，史家以王號紀年，魯隱西元年等。劉徹是中國歷史上第一位使用年號的皇帝。西元前 113 年，漢武帝以當年為元鼎四年，正式創立年號，並追改以前為建元、元光、元朔、元狩，每一年號六年。此後，中國歷史上每次新皇帝登基，常常會改元紀年，並同時改變年號。這種紀年方式後來傳到了周邊各個附屬國。如今中國、蒙古、越南和韓國已經全面廢止年號，改用西元紀年，只有日本至今仍使用年號，平成天皇於 1989 年即位，該年也就是平成元年。

肉刑在中國古代是一種常見的刑罰手段，透過傷害人的身體，使人身體或生理殘疾，以懲罰那些作奸犯科者。肉刑按照刑罰的輕重主要有這麼幾種：髡（剃頭，在古代是極大的侮辱）、黥（臉上刺字）、劓（割鼻子）、宮（割去生殖器，是除死刑之外最嚴重的刑罰）、刖（截斷受刑人足部）、斬左右趾等。文帝時，

緹縈上書文帝，痛陳肉刑的弊端，並願意代父贖罪。文帝有感於此，於是決定廢除肉刑，下詔廢除了黥刑、劓刑、刖刑等刑罰，改用笞刑代替。

劉邦即皇帝位時，楚漢戰爭的硝煙剛剛褪去，中原大地人口銳減，社會凋敝。舉國上下人稀戶塌，田園荒蕪，社會生產遭到嚴重破壞，物質財富消耗殆盡。為了安定民心、維護統治，劉邦根據西漢初期的社會、經濟狀況進行了一系列圍繞著「休養生息」及「精兵簡政」兩個中心的改革，取得明顯的成效，造就了一個利於休養生息的內外部環境，並且在漢文帝、漢景帝各自的統治時期得以成功延續。

劉邦死後，惠帝即位。呂后專權，國家大權完全為其所掌控。惠帝去世後，呂后又臨朝稱制。呂后雖然有積極扶植呂氏一族力量、封諸呂為王、打擊劉姓皇族及勢力等為人詬病的做法，但客觀來說，在她執政期間，行黃老之術，繼續推行高祖以來的休養生息政策，廢除了自秦以來一直實施的「挾書律」、「三族罪」、「妖言令」等制度，減少田租、獎勵農耕，放寬對商人的限制，使社會生產得到了顯著發展。

文景之治使西漢的國力大增。武帝即位後，連續發動了多次對外戰爭，消耗了大量的財富。為了增加國家的收入，漢武帝推行了一系列的改革措施。具體措施有：改革幣制，把鑄幣權收歸中央；將治鐵、煮鹽收歸官營；實行均輸法及平准政策；經濟方面，整頓財政，頒布「算緡」、「告緡」令，徵收商人資產

069

第三章 文化盛宴

稅，打擊富商大賈；設定平準官、均輸官，由官府經營運輸和貿易，大大增強了國家經濟實力。同時興修水利，移民西北屯田，實行「代田法」，有利於農業生產的發展。

武帝首先頒行「推恩令」，使諸侯王多分封子弟為侯，使王國封地被分割，以進一步削弱諸侯王國勢力，潛移默化地消除了威脅；其次建立中朝削弱相權，鞏固了皇權的神聖地位；再設定十三部刺史，加強了對地方的控制。除此之外，武帝還進行了包括收相權、設刺史、立平準均輸等一系列重大改革與創制，建立了一套體現著法家「以法治國，不避親貴」的政治制度。這種法制傳統，成為此後二千年間中國制度的基本正規化。

昭帝始元六年，霍光以昭帝的名義，召集賢良文學，與桑弘羊進行辯論。會議由丞相車千秋主持，以桑弘羊、丞相史、御史為一方，賢良文學為一方，雙方唇槍舌戰，進行了激烈的論戰。雙方從經濟問題著手，就政府是否對鹽鐵實行專賣一事展開激烈的辯論，所以歷史上稱這次的大辯論為「鹽鐵會議」。在辯論過程中，雙方從鹽鐵官營問題轉到與匈奴的和戰政策、法治和德治的問題等重大問題申述了不同主張，對為政得失展開了一場全面辯論。會議後，部分地區停止鐵器官營，其他政策不變。

漢朝時，諸侯王的實力日益膨脹，逐漸威脅到了中央政權的穩固。文帝即位後，採納晁錯的建議削藩，導致吳楚七國反叛。景帝迅速平定了叛亂，並採取一系列相應的措施，使諸

侯王的勢力被大大削弱，但是並沒有徹底根除隱患。武帝即位後，主父偃上書皇帝，建議令諸侯推私恩分封子弟為列侯。名義上施德惠，實際上是剖分其國以削弱諸侯王的勢力。漢武帝採納了他的意見，隨後頒布了「推恩令」，解決了西漢初年的「王國問題」。

西漢後期，朝廷的賦稅勞役日益嚴重，統治階級畜養奴婢、兼併土地的現象十分嚴重。王莽稱帝後，為了緩和階級矛盾，進行了大規模的改革。主要措施有：將天下田改名「王田」，奴婢改稱「私屬」，都不許買賣；改革中央機構，調整郡、縣劃分，改易官名、地名；為推行新幣制，王莽下令嚴禁私鑄錢。在實行五均和賒貸的同時，還設六筦之令，即徵收商稅，由政府經營鹽、鐵、酒、鑄錢和徵收山澤稅。但王莽的改制由於脫離現實，最終以失敗告終。

魯國徐生善於演習禮儀。孝文帝時，徐生以此出任禮官大夫。他傳習禮儀於兒子至孫子徐延、徐襄。徐襄，天性便擅長演習禮儀，但是不能通曉《禮經》；徐延通曉《禮經》，卻不善於演習禮節儀式。這兄弟倆正好互補。徐襄以擅長演習禮節儀式當了漢王朝的禮官大夫，官至廣陵內史。徐延及徐家弟子公戶滿意、桓生、單次，都曾出任漢朝的禮官大夫。此後能夠講解《禮經》並演習禮節儀式的人，都出自徐氏一家。

兩漢時期，舞蹈、雜技、幻術、俳優等藝術形式得到了充分的發展。漢武帝時，朝廷曾徵調全國各種舞蹈百戲薈萃長安

第三章　文化盛宴

上林苑的平樂觀，吸引了遠近大量百姓前來觀看。隨著民間舞蹈的地位開始上升，楚舞成為宮廷舞蹈的主要內容。舞蹈的種類也十分多樣化，有家庭宴會舞蹈、自娛性舞蹈和表演性舞蹈多種。民間舞蹈豐富多彩，有細腰長袖、多情妙曼的楚舞，有執戈揚盾、雄壯古樸的巴渝舞，也有踢跳騰挪、剛勁有力的盤鼓舞等各種形式。

張道陵是東漢沛國豐邑人，道教創始人，第一代天師。張道陵無意官場，為了避開世俗的紛擾，他開始雲遊名山大川、訪求仙術，先後在青城山、龍虎山、巴蜀地區傳道，創立了中國土生土長的宗教──道教。道教尊老子為教祖，奉《老子五千文》為最高經典。凡入道的教眾交五斗米為信，後人因稱其教為「五斗米道」，教眾要信仰元始天尊和太上老君。由於五斗米道傳道紀律嚴密，教風正派，所以得到了大眾的普遍歡迎。

古代書店叫書肆，出現於東西漢交替之際。書肆一詞最早出現在揚雄所著的《法言‧吾子》中，裡面有這樣的句子：「好書，而不要諸仲尼，書肆也」。關於書肆的名稱，歷朝歷代還有書林、書鋪、書棚、書堂、書屋、書籍鋪、書經籍鋪等名稱。相傳王充傳幼時家貧無書，常遊洛陽市肆看書，一見輒能誦憶，過目不忘，遂博通眾流百家之言。

中日兩國的文化交流和往來由來已久。東漢時，日本多次遣貢使來中國。東漢末，天下大亂，不少漢王室成員為了逃避戰亂逃到日本，受到良好安置，被稱為「歸化人」。歸化人為

日本帶來了鐵器生產、製陶、紡織、金屬工藝及土木等技術，同時也帶來了中國的漢字。相傳，日本忍者也是由歸化人傳來的。另據報導，日本的「原田」氏即為漢劉邦後裔。

漢闕是漢代的一種紀念性建築，有石質「漢書」之稱，被稱為中國古代建築的「活化石」。因左右分列，中間形成缺口，故稱闕（古代「闕」、「缺」通用）。漢代是建闕的繁盛期，都城、宮殿、陵墓、祠廟等處都可以按照等級建闕。在當時，漢闕是身分和地位的象徵，只有官至年俸 2,000 石以上的人才能在墓前立闕。

中國的姓氏起源於原始社會母系氏族制時期，黃帝是中華姓氏的共同始祖。漢高祖劉邦建立漢朝後，準備把戰國時齊國的後裔遷徙到現在的湖北房縣一帶定居。但在遷徙這些齊國田姓貴族的過程中，劉邦發現田姓人氏眾多，於是下令讓他們把田姓改掉，用數字來命名姓氏，分為「第一」、「第二」一直到「第八」，直到現在還有「第五」這個姓氏。

《詩經・唐風》中稱：「椒聊之實，藩衍盈升。」漢朝時，後宮的女人用花椒一類的香料和泥塗抹牆壁，不僅取其溫暖芳香之意，又有藉花椒多籽而祈求繁衍多子的用意，所以漢代皇后所居宮殿「椒房」又稱為「椒室」。皇后所居宮殿以椒塗牆，而帝王殿前則多種植楓樹，所以皇帝的居處也被稱作「楓宸」。

漢明帝做了個奇怪的夢，夢見一身高六丈的金人，頭頂上放射白光，降臨在宮殿的中央。第二天他向群臣詳述夢中所

第三章 文化盛宴

見,傅毅認為這是西方的佛,明帝於是派人赴天竺求佛法。他們在大月氏遇到來自天竺的僧人攝摩騰和竺法蘭,得佛經佛像,於是相偕同行,以白馬馱經回到洛陽。為了給兩位高僧一個居住和譯經的地方,漢明帝在城西建立精舍給他們居住。為了紀念白馬馱經之功,便將這組建築命名為「白馬寺」,這是佛教首次正式由官方傳入中國。

古代官吏的禮服通稱為冠服。漢朝時,貢禹和王吉是好友,當王吉為官時,貢禹也出仕相佐,所以世稱「王陽在位,貢公彈冠」。「彈冠」是揮去帽子上的灰塵,表示準備出仕做官。相反,掛冠,就是摘下官帽懸掛起來,表示離開官場,有辭官之意。

第四章
名士風流

建章宮後閣的雙重欄杆中,有一隻形狀像麋鹿的動物跑出來。武帝聽說後,親自到那裡觀看。問身邊群臣,一個都不認識。東方朔過來,看了一眼就說:「我知道這個東西,不過我得先飽餐一頓。」武帝說可以。酒足飯飽,東方朔又說:「某處有公田、魚池和葦塘好幾頃,陛下賞賜給我,我才說。」武帝說給你了。東方朔道:「這是叫騶牙的動物。遠方當有前來投誠的事,因而騶牙便先出現。牠的牙齒前後一樣,大小相等而沒有大牙,所以叫牠騶牙。」一年後,匈奴混邪王果然帶領十萬人來歸降漢朝。

東漢時,有個叫孫敬的人到洛陽太學求學,每天從早到晚讀書,常常廢寢忘食。時間久了,上眼皮就和下眼皮打架。怎麼辦呢?他便找了一根繩子,一頭綁在房梁上,一頭束在頭髮上,當他讀書打盹時,頭一低,繩子就會扯住頭髮,弄痛頭皮,瞌睡蟲自然也就沒了,於是繼續讀書學習。年復一年地刻苦學習,使孫敬飽讀詩書,博學多才,後為當世大儒。這就是孫敬「頭懸梁」的故事。

第四章　名士風流

西漢初年，杜陵縣的杜夫子擅長下圍棋，是當時的第一。有人笑他浪費光陰，杜夫子說道：「精通棋理，就能明白世間萬物的執行規律，怎麼能說浪費時間呢？」

明帝時，班超隨哥哥班固到了洛陽，找了個替官家抄書的差事賺錢養家。但班超志向遠大，並不滿足這種乏味的抄寫工作。一天，他正在寫字，突然感到一陣莫名的厭煩和苦惱，「啪」的一聲把筆摔在地上，嘆氣說：「大丈夫縱然沒有其他志向謀略，也應當學學當年的博介子和張騫，在外建立功勳，怎麼能夠老是以這筆墨營生呢？」周圍人都譏笑他，班超感慨道：「凡夫俗子又怎能理解志士仁人的襟懷呢？」後來班超走上仕途，出使西域，實現了當年的願望。

張芝，東漢著名書法家，擅長草書。張芝出身顯宦名門，但不以功名為念，多次謝絕朝廷的徵召，潛心習書，時人尊稱「張有道」。張芝擅長草書中的章草，所創的「一筆書」，將當時字字區別、筆畫分離的草法，改為上下牽連富於變化的新寫法，字之體勢一筆而成，有「草聖」之稱。家中衣帛，先在上面寫字，然後再拿去染色；臨池學書，池水盡墨。後人稱書法為「臨池」，即來源於此。

仲長統自幼好學，博覽群書，善於文辭。20餘歲時，便遊學青、徐、并、冀州之間。仲長統才華過人，灑脫不拘，敢直言，不矜小節，時人稱為狂生。鑑於當時豪門大族肆無忌憚地兼併土地、朝廷腐敗的現狀，仲長統著《昌言》，闡述了「天」

即自然、「天」的執行不以人的意志為轉移的哲學思想,重視發揮人的主觀能動性,認為王朝霸業的興亡都是由「人事」所致,否定了宗教神學的統治地位。這在兩漢歷史上是「破天荒的卓見」。

郭解名氣大,粉絲遍布全國。一次,有個儒生說他壞話,郭解的門客把儒生殺了。吏官責問郭解,郭解確實不知道殺人的是誰。殺人的人始終沒查出來,官吏向皇上報告,說郭解無罪。御史大夫公孫弘議論道:「郭解以平民身分行俠弄權,因為小事而殺人,郭解自己雖然不知道,這個罪過比他自己殺人還嚴重。郭解之罪,實屬大逆無道,理應嚴懲。」武帝當即下令誅殺了郭解整個家族。表面看,郭解是被那些崇拜他、為他殺人、為他辯護的粉絲們無意中送上了刑場,實際上卻是郭解這股勢力對武帝的專制政權構成了威脅。

齊地風俗是鄙視奴僕,而刀間卻偏偏重視他們。平民多不喜歡凶惡狡猾的奴僕,唯有刀間收留他們,給他們資本,讓他們去追逐漁鹽商業上的利益,或者讓他們乘坐成隊的車馬,去結交地方官員,對他們十分信任。在僕從的幫助下,刀間致富達數千萬錢。所以有人說:「與其出外求取官爵,不如在刀家為奴」,說的就是刀間能使豪奴自身富足而又能為他竭盡其力辦事。

東方朔病危,規勸武帝說:「《詩經》上說,飛來飛去的蒼蠅,落在籬笆上面。慈祥善良的君子,不要聽信讒言。讒言沒

第四章　名士風流

有止境，四方鄰國不得安寧。希望陛下遠離巧言諂媚的人，斥退他們的讒言。」武帝說：「如今回過頭來看東方朔，僅僅是善於言談嗎？」過了不久，東方朔果然病死了。古書上說：「鳥到臨死時，牠的叫聲特別悲哀；人到臨終時，他的言語非常善良。」說的大概就是這個道理吧！

終軍少有大志，18歲被舉薦為博士弟子，赴京師。過函谷關時，守關吏卒交給他一件帛製的繻符。終軍初不識此為何物，當得知這是一個返回過關的憑證時，他說：「大丈夫西遊，終不復傳還！」棄繻而去。到長安後，終軍以上書稱旨官拜謁者給事中，奉命巡視東方郡國。他手持朝廷符節，再過函谷關，守關人員認出此人正是上次棄繻的青年，嘆服其才高志遠。

東漢學者孟敏，有一次扛著個瓦罐行路，路上不小心把瓦罐摔了，他看都不看就走。郭宗林看見了就問他為什麼不管了？孟敏回答道：「瓦罐都破了，再看有什麼用呢？」林宗覺得他有奇才，勸他進學。求學十年孟敏就聞名天下。朝廷三公都曾徵召他做官，孟敏都沒答應去。及時拋棄懊悔，輕裝前進，你才能在路上走得平穩踏實。

孔融12歲時去拜訪名士李膺。李膺對孔融非常讚賞，邀請孔融一起吃飯，問孔融：「想吃飯了嗎？」孔融說想吃。李膺說：「我教你做客人的禮節吧。當主人問你想吃飯嗎，你應該答不想吃。」孔融答：「不對，我教教你做主人的禮節吧。你只要把飯菜端上來，不需要問客人想不想吃。」李膺很慚愧，嘆道：

「可惜我老得快要死了，看不到你富貴的日子了。」孔融說你不會死。李膺問為何，孔融回答：「鳥之將死，其鳴也哀；人之將死，其言也善。你說出來的話不是真心的，所以你不會死。」李膺大囧。

陳太丘和一個朋友約好中午一塊兒出門。朋友過了正午還沒到，陳太丘獨自走了。他走之後，朋友才到。陳太丘七歲的兒子陳元方正在家門口玩耍，朋友從陳元方那裡得知陳太丘走了，非常生氣，罵陳太丘不是人。陳元方據理反駁：「您與我父親約定中午，到了中午您沒到，就是不守信用；對著兒子罵他父親，就是不講禮貌。」朋友聽後覺得很慚愧，想上前去道歉，結果陳元方一扭頭就進了大門，理都沒理他。

陳紀的父親陳寔有一次被太守誤認為是殺人凶手，被抓去剃了個光頭，這在古代是僅次於死刑的嚴重刑罰。有人問陳紀：你覺得太守人品如何？答：高明之君。又問：那你父親呢？答：忠臣孝子也。對方開始刁難：那為什麼賢明的太守要把你父親這個忠臣孝子給剃光頭呢？陳紀說你問得荒唐，我拒絕回答。對方說答不出來了吧？陳紀答：錯！當初高宗放逐了孝子孝己，尹吉有放逐了孝子伯奇，董仲舒放逐了孝子符起。這三人都是高明的領導者，可另外三個人也是真正的忠臣孝子，這有什麼衝突嗎？對方這才無話可說。

嚴君平是西漢末期成都人，道家學者，思想家。他曾在平樂山生活了40多年，在此山上寫出了「王莽服誅，光武中興」

第四章　名士風流

八個大字。當時世人均不解其意，直到二十年後，王莽身死，光武帝劉秀中興漢室，眾人才恍然大悟。

彭宣，字子佩，西漢淮陽國陽夏人。他深通易經，學識淵博，很有名氣。有一次，他看過王莽的面相後，對兒子說：「此人雖神清氣足卻帶邪狹，日後專權犯上。」哀帝死後，大司馬王莽專權，彭宣上書辭官，乞骸骨歸鄉里。後來王莽篡位果然應驗。

孔融十歲的時候，隨父親到洛陽。有一次他去拜見名氣很大的李元禮，對門人說：「我是李府君的親戚。」李元禮接見後問：「您和我有什麼親戚關係？」孔融答：「過去我的祖先仲尼曾經拜您的祖先老子為師，所以我和您是世世代代友好往來親戚關係。」李元禮和賓客們對他的話感到很驚奇。太中大夫陳韙後來才到，別人就把孔融說的話告訴他，陳韙說：「小時了了，大未必佳。」孔融立即說道：「想君小時必當了了。」陳韙大囧。

東漢徐孺子九歲的時候，一次在月亮下面玩耍。有人對他說：「如果月亮裡沒有月宮和桂樹等物體，那麼一定會更加明亮。」徐孺子說：「不是這樣，就像人的眼睛裡面的瞳仁。如果沒有瞳仁，將會更加黑暗。」徐孺子很機智，他的的回答妙就妙在巧妙地運用了「偷換概念」這一技巧，避開了「月亮」這一概念，而偷換了「眼睛」的概念，以「眼有瞳仁」優於對方的「月中有物」。一個巧問，一個妙答，正是這機敏睿智使徐孺子贏得了「南州高士」的美譽。

陳蕃年輕時立志要做一番大事，他一個人住一間屋子，但又不屑於打掃房間，搞得屋中一片狼藉。有一次，他父親的一位好友薛勤來他家中做客，問他為何不屋裡屋外灑掃得乾淨點，誰料陳蕃卻朗聲答道：「大丈夫處世，當掃除天下，安事一室乎！」薛勤一看，好小子，夠狂！當即反駁道：「一屋不掃，何以掃天下？」陳蕃幡然醒悟，從身邊小事做起，最後成為一代名臣。

武帝召見北海郡太守，有個執掌文書的府吏王先生也想跟著去。同事都說：「老王愛喝酒，閒話多，不夠務實，帶他去不合適吧？」太守說：「他想去就帶著他吧。」到了宮門外，王先生只顧買酒。太守要入宮，王先生把太守叫過來問：「皇上如果問您如何治理北海郡，您怎麼說？」太守答：「選擇賢才，按能力分別任用，獎勵賢才，懲處不圖上進的人。」王先生說：「這樣答是自己誇耀功勞，不合適。我建議您說：『不是臣的力量，完全是陛下神明威武發生的作用。』」太守見到武帝後如是回答。武帝笑道：你是從何處聽來的？太守只好老實交待。武帝下詔召見，替王先生升了官。

蔡邕有一次路經吳縣，有個人燒梧桐木做飯，蔡邕聽到火燒木材發出的巨大聲響，知道這是一塊好木材，顧不得手被燒傷的危險，將那塊剛塞進灶膛當柴燒的桐木拽了出來，討來後精雕細刻，做成一把琴，果然音色美妙絕倫，蓋世無雙，這把琴成了世間罕有的珍寶。因為它的琴尾被燒焦了，人們叫它「焦

第四章　名士風流

尾琴」。此琴名列中國古代「四大名琴」之中，其餘三把分別為齊桓公的「號鐘」、楚莊公的「繞梁」、和司馬相如的「綠綺」。

東漢末年，有個叫王粲的，少時即有才名，博聞強記，有過目不忘之才。一次，王粲與人共行，讀道邊碑，友人問，你能背下來嗎？王粲說能，於是背而誦之，不失一字。觀人圍棋，其局因意外散亂，兩人正在爭吵之際，王粲說我能重置原局。下棋者不信，以布帕蓋著棋局，叫王粲再在另外一局重置原局。擺好後，經過對照，一子不差，其強記默識如此。王粲的文才也出眾，被稱為「建安七子之冠冕」。

劉秀當皇帝後，嚴光避世，每日垂釣。劉秀希望請嚴光出山，但嚴光就是不領情。劉秀親自到館所看望，嚴光裝睡不理。劉秀撫著嚴光的肚子說：「子陵啊，你為什麼不肯助我呢？」嚴光不應，良久乃張目熟視，答：「人各有志，你又何必苦苦相逼呢？」劉秀上車嘆息而去。後來，劉秀請他入宮敘舊，兩人談得晚了，睡在一張床上。睡覺時，嚴光的兩隻腳放在劉秀的肚子上，劉秀也不惱。嚴光的歸隱決心已決，劉秀只好送他離開。

東漢名臣陳蕃到豫章做太守，一到豫章，連官衙都沒進，就率領僚屬直奔徐孺子家請他出山，聘請他到府衙任功曹，徐孺子堅辭不就。不過，出於對陳蕃的敬重，徐孺子答應經常造訪太守府。陳蕃也夠朋友，平常家中都不接待賓客，卻為徐孺子專門準備了一張可活動的床，徐孺子來時放下，走後掛起。因此王勃在〈滕王閣序〉中說「人傑地靈，徐孺下陳蕃之榻。」把

徐稚作為江西「人傑地靈」的代表。

蔡邕有一次去鄰居家做客，鄰家正在喝酒，一位樂師在屏風後彈琴，蔡邕在門口聽到琴聲大驚：「不好！琴音中有殺氣！」立刻溜回了家。僕人告訴主人蔡君剛來，到門口又走了。主人急忙追上去詢問，蔡邕告知原因。樂師解釋說：「我剛才彈琴時，見螳螂爬向一隻鳴蟬，蟬兒卻沒飛起，螳螂隨著牠一進一退。我內心很緊張，只擔心螳螂抓不到牠，難道是心有殺念，在琴聲中流露出來了嗎？」蔡邕道：「你是一個當之無愧的琴師啊！」

相傳君山這個地方有數斗美酒，喝了能長生不老。武帝得知後，就齋居七天，派了人帶童男童女數十人到山上求得仙酒帶了回來。不料武帝還沒聞到酒香，東方朔就偷偷地喝光了。武帝很生氣，後果很嚴重：老子都還沒嘗一口呢，你小子敢偷喝！下令推東方朔出去斬首。東方朔就說：「假如酒能靈驗，你殺我，我也不死；要是不靈驗，這酒有什麼用呢？」武帝脾氣雖大，腦子可不笨，聽東方朔這麼一說，立即明白了其中的道理，笑著把他放了。

盧植是涿郡涿人，身長八尺二寸，音聲如鐘。盧植年輕時與鄭玄師從馬融，能通古今學。馬融是明德皇后的親戚，家中富裕，本人相貌堂堂，非俗儒世士。馬融講課的方法也特別，他講課時，常坐高堂，前面是眾多聽課的學生，後面則是美女在堂前輕歌曼舞，藉以考驗學生的定力，盧植始終專心聽講，

第四章　名士風流

無動於衷，數年如一日，從不斜視偷看，受到老師馬融特別的喜歡與敬重。盧植常懷濟世志，不好辭賦，能飲酒一石，還曾當過劉備的師傅。

東漢時趙一性格耿介狂傲。一次，他去京師洛陽，見到上司司徒袁逢時長揖不跪，袁逢屬下責問：「下站者何人，為何不跪？」趙一跨前一步大聲說：「當年酈食其以長揖禮面見漢王，現我以此禮面見三公，有何不可？」袁逢見他儀表不俗，暗暗驚嘆，請趙一上坐，詢問西部事務，趙一對答如流，袁逢大喜過望，道：「想不到小小西縣，竟有如此人才，國之大幸啊！」並向座中賓客介紹：「這就是漢陽趙元叔，朝臣沒有一個能超越他的。」從此，趙一名聲大震。

西元189年，蔡邕來到浙江，看到王充寫的《論衡》一書如獲至寶，趕緊偷偷買了一套帶回家。蔡邕的朋友發現他自浙江回來以後，學問突有大進，猜測他可能得了奇書，便去他家中尋找。果然在他帳間隱蔽處發現了《論衡》一書，搶了幾卷就往外走。蔡邕急忙追出來叮囑道：「此書只能你我共讀，千萬不要外傳，切記切記！」友人讀完此書也讚不絕口：「真乃奇書也」。

田仲是西漢初年楚國人，喜歡劍術，以豪俠尚義著稱於世。同為當世豪俠，田仲卻對魯國人朱家十分敬佩，像服侍父親那樣對待朱家，並且還認為自己的操行趕不上朱家。季心，是季布的弟弟。氣蓋關中，遇人恭謹，為任俠，方數千里，士人都爭著為他而死。殺人逃亡吳地，被袁盎藏匿，他認袁盎為

兄，灌夫、籍福為弟。後為中尉司馬，中尉郅都也不敢不加禮。當時，季心以勇，季布以諾，聞名關中。

季布本是項羽手下一員大將，數次圍困劉邦。項羽失敗後，劉邦下令緝捕季布，季布投靠了老朋友，後來又被大俠朱家收留。朱家透過夏侯嬰向劉邦說情，劉邦赦免了季布，拜為郎中。季布為人仗義，好打抱不平，以信守諾言、講信用而著稱。所以楚國人中廣泛流傳著「得黃金百斤，不如得季布一諾」的諺語。季布的弟弟丁公看到哥哥投降後受到重用，認為自己曾放劉邦一馬，於劉邦有恩，也去投奔劉邦，結果劉邦二話沒說就把他給殺了。

雒陽豪俠劇孟扶弱濟貧、藏活豪士，譽滿諸侯。景帝三年，七國叛亂，景帝派太尉周亞夫帶兵出征。周亞夫星夜兼程趕到河南，會兵滎陽。他到洛陽後，見到劇孟，大喜，說：吳王起兵不用劇孟，先就輸了一半。劇孟一人，能抵一國諸侯之兵。周亞夫對劇孟評價如此之高，足見劇孟的的影響力有多大。三個月內，叛亂平定下來。劇孟的母親故世時，前來送葬的車達千乘之多。劇孟死後，家無十金之財。李白在他六十歲投軍時，以西漢大俠劇孟自詡：「半道謝病還，無因東南征。亞夫未見顧，劇孟阻先行。」

武帝時，有一位名滿天下的大俠叫郭解。當時洛陽有兩家人，不知何故，結下了深仇大恨。城中社會名流調停十餘次，依然無用。有人找到了郭解請他幫忙。一天夜裡，郭解悄悄潛

第四章　名士風流

入結下冤仇的兩家，左說右勸。兩家人一看，名滿天下的大俠郭解親自跑到洛陽來調停，同意和解。郭解又說：「我聽說洛陽諸公多次為你們調解，但都沒成。現在你們給足了我郭解的面子，我很感激，但我不能讓洛陽的賢達丟臉。請你們現在假裝還沒有和解，等到本地豪傑再來調解時再和解，給他們一個面子好嗎？」兩家人一聽，對郭解頓生敬仰之情。

漢朝時，魯國人朱家以俠士而聞名。朱家為人急公好義，藏匿和救活的豪傑有幾百個，援救普通人無數。但他做人很低調，始終不誇耀自己的才能。雖然家無餘財，衣服破得連完整的色彩都沒有，每頓飯只吃一樣菜，乘坐的不過是個牛拉的車子，但朱家仍然急人之所急，想人之所想，盡力幫助別人。他曾暗中使季布將軍擺脫了被殺的厄運，待到季布將軍地位尊貴之後，他卻終身不肯與季布相見。想跟他交朋友的人能從函谷關西邊排到東邊。

原涉初為谷口縣令，不久後即辭官，浪跡天涯，廣交天下豪傑。一次，有位朋友宴請原涉，他剛到裡門，就有朋友告訴他鄰居的老母去世了。原涉立即致哀問候，發現這家一貧如洗，正為無法安葬老人發愁。原涉便吩咐盡快為老人梳洗沐浴，回到朋友家中，將此事告知賓客，取來木簡筆墨，將應置辦的物事一一列出，並出資讓赴宴賓客去購買。日落時分，百物齊全，他又前去幫助辦理喪葬事務，扶著棺木下葬。後有人詆毀原涉是「奸人之雄」，被喪家之子刺死。

董卓年輕時體魄健壯，力氣過人，能帶著兩鞬弓箭，左右馳射，連周邊羌人也對他敬畏三分。董卓毫不吝惜自家財產，每當羌人豪傑來家作客或前來投奔，他便殺牛宰羊款待。一次，一個羌人豪帥見董卓家的牛羊宰得所剩無幾，便從老遠的地方趕來送了千匹牲畜給他。董卓憑著他非凡的才武，拉攏兼併其他勢力，不斷鞏固和擴大自己的力量。他經常扮演游俠豪傑的角色，在當地享有「健俠」的美名。

陽陵大俠朱安世被漢武帝下詔通緝，丞相公孫賀為贖兒子擅用軍費之罪，將朱安世捕獲入獄。朱安世卻笑道：「丞相將要禍及全族了！南山之行不足受我辭，斜谷之木不足為我械。」他從獄中上書朝廷，聲稱公孫敬聲與武帝女兒陽石公主私通，且在皇帝專用馳道上埋藏木人以詛咒皇帝等事件。武帝大怒，下令追查。此事直接導致公孫家被族滅，兩位公主被牽連進此案而死，這成了後來巫蠱之禍的開端。

晁錯是穎川人，年輕時曾跟從張恢學申不害、商鞅的刑名之學。漢文帝時，晁錯官至太常掌故，曾奉命跟隨秦博士伏生學習記錄《尚書》，後來又被任命為太子劉啟的老師。晁錯博學多才，能言善辯，太子劉啟就替他取了個外號叫「智囊」。漢文帝以「明於國家大體」等問題，親自出題目徵詢，參加對策的一百多人中，只有晁錯的回答是最好的。

司馬相如字長卿，蜀郡成都人，因仰慕戰國時代的名相藺相如而改名司馬相如。司馬相如少年時代喜歡讀書練劍，二十

第四章　名士風流

多歲就做了漢景帝的警衛「武騎常侍」，不久託病辭職。司馬相如的文學成就主要是辭賦，雄踞西漢文壇賦體大家之首，是漢賦的代表作家，代表作有〈子虛賦〉和〈天子遊獵賦〉，詞藻富麗，結構宏大，被後人稱之為賦聖。魯迅曾說：武帝時文人，賦莫若司馬相如，文莫若司馬遷。

枚乘，西漢淮陰人，辭賦家。枚乘曾做過吳王劉濞的郎中，七國之亂時，枚乘曾兩度勸告吳王不要謀反，劉濞不聽。七國之亂被平定後，枚乘名聲鵲起，被封為弘農都尉，但不久之後就以病去官，回到淮陰。漢武帝即位後，慕名用「安車蒲輪」召他入宮，結果枚乘因年老於途中去世。枚乘以辭賦聞名於世，其作品有〈梁王菟園賦〉、〈忘憂館柳賦〉，〈七發〉以互相問答的形式構成八段文字，尤為後人稱道。

蔡邕是東漢末的一位著名文人，官任左中郎將。他十分好客，家裡常常是高朋滿座，但他在眾人之中最佩服詩人王粲的才能。一次，聽說王粲在門外求見，蔡邕竟顧不上穿好鞋子，而倒拖著鞋子，跑了出去迎接。蔡邕又發帖設宴，請王粲為上賓。客人見蔡邕對這個其貌不揚、身體瘦弱的年輕人十分敬重，都感到驚訝。蔡邕說：「王粲此人，才能非凡，我比不上他。我家裡的書籍文章，全部都要送給他。」

劉安在當淮南王時，招募的賓客和術士達幾千人。這些賓客在淮南王府除了講講學、煉煉丹之外，還經常與他進行為政、治學以及做人的討論。劉安雖為皇室子弟，但從小就不太喜歡

騎馬、打獵,而是愛好讀書、學藝、彈琴,尤其熱衷於道家黃老之術。由於聰穎好學,到漢武帝時,劉安已「流譽天下」。武帝對他這位才華出眾的皇叔很是欣賞,曾特地召他來長安寫《離騷傳》。據說漢武帝清晨下達了詔令,劉安中午就交稿了,武帝看過後連聲稱讚。

司馬遷10歲開始讀古書。二十歲時,他從長安出發,開始行萬里路,足跡遍及江淮流域和中原地區,並對所到之處的歷史地理風俗進行實地考察,為後來的寫史打下了堅實的基礎。父親去世後,司馬遷承襲父職太史令,繼承父親遺志,發憤修史。李陵投降後,滿朝文武紛紛指責李陵的罪過。司馬遷因為李陵辯護,被判死刑。漢朝的死刑有兩種減免辦法,一是拿五十萬錢贖罪,二是受腐刑。司馬遷家貧無財,甘受腐刑,忍辱負重地活了下來,完成了歷史鉅著《史記》。

賈誼從小就博覽群書,才學過人。年少時就跟著荀況的弟子、秦朝的博士張蒼學習《春秋左氏傳》,後來還替《左傳》做過注釋。賈誼酷愛文學,尤其喜愛偉大詩人屈原的著作,十八歲即以能誦《詩經》、《尚書》和撰著文章聞名於郡裡。河南郡守吳公愛其才,將他召到自己的門下學習。漢文帝劉恆即位後,吳公被重用,二十一歲的賈誼也因吳公推薦當了博士,當起了皇帝的高級顧問,一年後被提升為太中大夫。

韓嬰是西漢著名的今文經學家,以詩經研究見長,世稱「韓詩」,與轅固生的「齊詩」、申培的「魯詩」並稱「三家詩」。韓嬰

第四章　名士風流

是儒家思想的繼承者，但不贊成傳統儒家崇敬的伯夷、叔齊、卞隨、介子推、原憲等人的廉潔氣節。他否定了孔子的克己復禮，卻又尊信孟子，同時又繼承和發揚了荀子「禮起於欲」，以「法先王」代替「法後王」，即以先王的道德標準為規範，推崇堯舜之道，認同「人性善」，使儒家內部爭論最激烈的兩派觀點得以統合。

申公是魯國人。漢初，漢高祖劉邦過魯祭孔，申公曾跟著老師到魯國南宮去拜見他。呂太后時，申公到長安交遊求學，和劉郢同在老師浮丘伯門下受業。畢業後，劉郢被封為楚王，邀請申公當自己太子劉戊的老師。不料劉戊這孩子不愛讀書，又對申公看不順眼。等楚王劉郢去世、劉戊立為楚王，罰申公勞役，形同奴隸。申公憤而回國，專心在家教授《詩經》，非弟子門人，拒絕接待賓客。

梁鴻好學不倦，博覽群書。從太學畢業後，梁鴻在上林苑中牧豬為生。一天，梁鴻在家中邊做飯邊讀書，因讀書太過投入，忘了灶中的火，等他反應過來時，他的小屋已是烈焰沖天，大火還蔓延到了鄰家，燒壞了鄰居的部分財物。梁鴻為了賠償鄰居的損失，把自己餵養的一群小豬全都賠出。鄰居貪心，說這還不夠，梁鴻說那我替你工作補償損失吧！梁鴻勤勤勉勉，絕無怨言，感動了鄰居和村裡人，大家見面都稱他「先生」、「夫子」。

朱買臣，吳縣人。朱買臣家中貧困，不治產業，只能靠每天砍柴賣薪自給。每天去砍柴時，他都會把書放到樹下而讀。

負薪回家時,就將書置於擔頭,一邊走一邊讀。朱買臣的妻子一開始還跟著他一塊兒走,屢次勸阻他不要在路上唱歌,但朱買臣的聲音唱得更大。買臣的妻子以此為羞,離他而去。後來朱買臣被漢武帝召見而發跡,被任命為會稽太守。

西漢時期,鉅鹿有一個叫路溫舒的人,非常熱愛讀書。但因家裡窮,每天都要到野外去牧羊,沒機會入學堂讀書。失去學習的機會,路溫舒雖然很難受,但他並沒有因此放棄。他向別人借書,可這樣不方便。有一天他放羊時,發現河邊長著一種葉子很寬的蒲草。路溫舒靈機一動,採摘蒲草編成竹簡一樣的蒲草書,把借來的書抄下來。憑藉著這樣的毅力,路溫舒終於自學成了一個學問淵博的人,成為西漢有名的法律學家。

公孫弘因家貧,沒有讀書的機會,直到四十幾歲時還在幫人家牧豬。這時,他覺得自己年紀已大,卻整天與豬為伍,一事無成,於是下決心讀書。但他沒錢買書,為此十分苦惱。一天,他在竹林中牧豬,忽然想到竹子也是一種很好的書寫材料,於是砍了許多竹子,削去青皮,做成一片片的竹板,再向人家借書,抄在竹簡上,利用空閒時間學習,後來終於學有所成,官至丞相。

王充幼年喪父,在家鄉因孝順而被人稱讚。後來王充到了京城,在太學學習,拜扶風班彪為師。王充喜歡讀書,而且無書不讀,沒有特別的限制。由於家裡窮,買不起書,王充就常常到京城洛陽的店鋪遊覽轉悠,在書攤上看書,看過一遍就能

第四章　名士風流

背誦記憶。時間久了，就廣泛通曉了諸子百家的著作。

董仲舒是西漢儒生，專治《春秋公羊傳》，為今文經大師，與古文孔安國齊名，曾指導司馬遷經學之說。董仲舒在家講課時用幕布圍起來，因為學生眾多，一個人應付不過來，所以只教高材生，一般學生則由高材生去教，因此很多學生根本沒見過董仲舒本人。董仲舒居家時學習勤奮，足不出戶，三年間不曾到屋旁的園圃觀賞，可見其治學專一的程度。董仲舒對自己要求極嚴，出入時儀容舉止，無一不合乎禮儀的矩度，深受學生們的敬重。

楊震，東漢弘農華陰人。八世祖楊喜在漢初因誅殺項羽有功，被封為「赤泉侯」。楊震的父親楊寶苦讀《今文尚書》，成為當時名儒。楊震年少時好學，曾拜當時的經學大師桓鬱為師，深鑽細研《歐陽尚書》，因而博覽群書，學問大進。楊震熱心於教育事業，他謝絕了出仕做官的機會，在華山腳下的牛心峪口收徒講學，四方求學者絡繹不絕，弟子超過三千餘人，可與孔子的三千弟子相媲美，被時人譽為「關西孔子」。

漢代是中國古代蹴鞠運動發展的第一個高峰。西漢社會承平日久，百姓多喜好「蹴鞠鬥雞」之樂。當時有個叫項處的官吏，對足球非常痴迷，是文獻記述的歷史上最早的一位球迷。項處生病，名醫淳于意為項處看病，叮囑他不要過度勞累，但項處哪裡聽得進去？仍外出踢球，結果嘔血身亡，項處因而成為了世界上有史可查的第一個狂熱「球迷」。

西漢有個叫張蒼的，曾在荀子的門下學習，與李斯、韓非等人是同門師兄弟。早年，張蒼跟隨劉邦攻打南陽時犯了死罪正要處斬，王陵發現其人皮膚白皙，身材如葫蘆一樣肥碩飽滿，很惹人喜歡，就設法救下了他。精通天文曆算的張蒼後來官至漢朝丞相。文帝時被免相回家後，張蒼因年老嘴裡沒有了牙齒，他便養了一百多位妻妾當他的乳母，每日靠吃人奶度日，最後活了 100 多歲才去世。

張仲景有一次見到二十多歲時的王粲，對王粲說道：「你已經得病了，四十歲時眉間毛當始脫落，而後半年將死；若能起服玉石湯，則可免此。」王粲不聽，接過湯藥後放在一邊。三日後見張仲景，張仲景問王粲有否服藥，王粲詐稱已服。張仲景道：「我看你的氣色就知道你沒服藥，你怎麼如此輕視自己的性命呢？」嘆息而去。王粲果於四十歲時始脫眉毛，眉落後 187 天逝世。

趙憙少年時有節操，堂兄被人殺害，趙憙帶人找仇家報仇，仇家患病，躺在床上不能動彈，趙憙說：你現在有病，我不殺你，但是以後見到我要躲著走！等仇家病好了，自縛來見，結果趙憙最後還是殺了仇家。更始帝攻打舞陰，舞陰大姓李氏說：聞宛之趙氏有孤孫憙，信義著名，我只服趙憙。更始帝徵召趙憙，見他不到二十歲，難免輕視，說：出生的牛犢，能負重致遠嗎？結果趙憙一到舞陰，李氏主動歸降。更始帝大悅，說：你是良駒，當努力勉之。

第四章　名士風流

　　漢景帝的曾孫廣川王劉去喜好盜墓。歷來盜墓有的是洩憤，有的是貪財，劉去盜墓，不圖財物，只為好玩。在他的封國裡，有點名氣的古墓幾乎都被他挖了個遍，沒有一座能逃過劉去的鐵鍬。魏襄王的墓比較特別，入口用鐵水灌注，劉去派人鑿了三天才掘開，又讓人用鋸子鋸開用生漆雜以犀牛皮做成的棺材。劉去看中了一把銅劍，也不管是不是給死人用的，就拿過來帶在身上。

　　西漢時，有個叫卜式的富人靠養羊致富。當時漢匈正在打仗，他願意貢獻一半家產用於補助軍費。武帝問他：你是想當官呢，還是想申冤？卜式說都不要。武帝問丞相公孫弘，公孫弘答：這不符人之常情，因而把這個人先晾在一邊。後來卜式又出錢安頓遷徙的貧民，武帝這才讓他做了御用羊倌。後來漢朝和南越開戰，卜式因上書表示願意去前線效力，馬革裹屍而還，因而得到武帝的賞識，之後不斷提拔，最後做了御史大夫，相當於副丞相。卜式做了御史大夫後，因為批評反對漢武帝的財政政策，最終被罷免。

　　漢朝時有個叫趙佗的，是名符其實的「長壽翁」，出生在戰國，去世時已是漢武帝時期。他在南越國逍遙快活，在位 71 年，壽命超過了一百歲，一連熬死了中原的八位皇帝，分別為：秦始皇嬴政、秦二世胡亥、漢高祖劉邦、漢惠帝劉盈、漢前少帝劉恭、後少帝劉弘、漢文帝劉恆、漢景帝劉啟。

東方朔上書給武帝，共用了三千木簡，武帝讀了兩個月才讀完。武帝任命東方朔為郎官，跟在身邊侍奉。有時也賜他御前用飯。飯後，東方朔便把剩下的肉全都揣在懷裡帶走，把衣服都弄髒了。皇上屢次賜給他綢絹，他都是肩挑手提地拿走。他把這些錢財綢絹全花在女人身上，娶長安城中年輕漂亮的女子為妻，一年後便拋棄了，再娶一個。武帝身邊的侍臣有半數稱他為「瘋子」。武帝聽到了說：「假如東方朔當官行事沒有這些荒唐行為，你們哪能比得上他呢？」

成都侯王商本人身長八尺，體態高大，容貌十分出眾。河平四年（西元前 25 年），王商出任丞相，匈奴單于來朝見漢成帝時，順便到未央廷拜謁丞相王商，王商起身離席與單于交談，由於王商身材高大，匈奴單于仰望之餘心中畏懼，漢成帝聽說後感嘆道：「這真是揚我大漢朝國威的丞相啊！」

西漢時，有個叫中山靖王劉勝的，估計大家比較熟。不熟？那我告訴你，他就是那件出土的金縷玉衣的主人。還不知道？那我再提示一句，他是三國裡的劉皇叔的祖先。這哥兒們好酒喜色，愣是生了 120 個兒子，劉備就是其後代之一。當個王室血統真不稀奇，難怪劉備剛出道時只能靠織蓆編草鞋維持生計。

東漢時有位名醫叫郭玉，其師祖是一位隱士醫學家，為避戰亂隱居於涪，以釣魚為生。世人不知其姓名，所以稱為「涪翁」。有一次，漢和帝想試試郭玉的診脈技術，找來一手腕肌膚

第四章　名士風流

似女人的男子,與女子雜處帷帳中,令郭玉各診一手,問郭玉此人所患何病。郭玉診出其中有故,說:「左陰右陽,脈有男女,狀若異人,臣疑其故。」皇帝聽後讚道:真是扁鵲再世啊,誇郭玉醫術高明。

第五章
德行操守

　　蕭何去世後，曹參為丞相。他上任後沒任何新的舉措，專揀忠厚長者進入丞相的祕書團隊，自己日夜飲酒，不治事務。有誰想找曹參說話的一律灌醉。惠帝不解，以為相國小看自己，就把曹參的兒子找來，讓他悄悄問一下曹參。曹參一聽大怒，將兒子揍了一頓。翌日早朝，惠帝提及此事，曹參說：陛下與高帝誰較厲害？惠帝說我不如高帝。曹參又問：陛下看我與蕭何誰能幹？惠帝說你也不如他。曹參說：陛下說得對啊，高帝與蕭何定天下，法令既明，現在你只需垂拱而治，我等恪守本職，不就結了嗎？惠帝恍然大悟，就這麼簡單？早說啊！

　　漢武帝時當過御史大夫的韓安國，曾經犯法坐牢。獄吏田甲侮辱他。韓安國說：「死灰真不能復燃嗎？」意思是，別看你現在得意，小心將來遭到報復！田甲譏笑道：「如果復燃，我就用小便澆滅它。」沒多久，韓安國出獄被拜為梁內史，田甲懼而出逃。韓安國揚言說：「田甲如果不回來，我就殺光他的宗族。」田甲無奈，算你狠！只好返回，袒露上身前往道歉。韓安國大笑：「像公這一類人物，真值得嚴厲處置嗎？」最終不予追究。

第五章　德行操守

漢宣帝時,諫議大臣王吉為官十分清廉。他住長安時,鄰家棗樹的枝葉伸入其院中,王吉的妻子隨意摘了幾顆棗子給他吃。後來王吉得知棗子是偷摘鄰居家的,便將妻子趕走。鄰家聽說後於心不忍,執意要把棗樹砍掉,後經街坊們勸解,王吉接回了妻子,鄰家扔掉了斧子。因此當時流傳著「東家有樹,王陽(王吉表字子陽)婦去,東家棗完,去婦復還」的佳話。

張湯擔任御史大夫時,每次上朝奏事,談論國家的財用,常至日暮,武帝甚至忘記吃飯。丞相無事可做,空占相位,天下的事情都取決於張湯。張湯後來因御史中丞李文及丞相長史朱買臣的構陷,被強令自殺。死後家產不足五百金,皆得自俸祿及皇帝賞賜。張湯雖用法嚴酷,後人常以他作為酷吏的代表人物,但他為官清廉儉樸,不失為古代廉吏的典範。

楊震赴任東萊太守,途中遇到了曾推薦過的秀才王密。半夜裡,王密懷揣著十斤黃金來送給楊震。楊震說:「我了解你,你卻不了解我,這是為什麼呢?」王密說:「深更半夜,這事沒人知道的。」楊震回答:「天知,神知,我知,你知。怎麼說沒有人知道呢!」王密羞愧地拿著金子回去了。楊震本性公正廉潔,子孫常常吃飯沒肉,出門沒車,朋友想讓他為子孫創辦一些產業,楊震說:「讓後代被稱作清白官吏的子孫,這份遺產不也很豐厚嗎?」

皇甫規為官廉潔,對於宦官和貪官汙吏深惡痛絕,引起了權臣的怨恨。眾人誣陷皇甫規收買群羌,讓他們假降。天子下

書責難,皇甫規上疏申訴:有人說我私自報答諸羌,送給他們錢財貨物。如果我以私財相送,我家裡一石糧食都沒有;如果送的東西是公家的,有文書簿籍可以查考。讓我看不明白的,正如誹謗我的人所說,前代還把王嬙送給匈奴把細君公主嫁給烏孫呢!現在我只費千萬,懷柔叛羌。這是良臣的才略,兵家所貴,這有何罪,負了什麼義,違背了什麼理呢?

司馬遷不僅是一位偉大的史學家,而且還是一位廉吏,痛恨送禮行賄的腐敗行為。他任太史令時,朝中最得勢的將軍李廣利千方百計想拉攏他,派家人送來一對珍貴的玉璧給他。司馬遷的女兒妹絹見這對晶瑩透亮的玉璧,非常喜歡,司馬遷卻嚴肅地對女兒說:「玉璧貴在無瑕,人也應如此。倘若我們收下這對玉璧,心靈上就會留下斑汙,並要受制於人。」說完,便命人把玉璧退了回去。

西漢時的隱士嚴君平常在成都替人算卦。有個叫羅衝的富人問他為何不去做官?並慷慨地資助他。嚴君平都推辭掉了,還說羅衝是在以不足補有餘。羅衝聽了,不以為然。嚴君平解釋道:「你的家人日夜操勞,累積家財萬貫,你還從未感到滿足。我現在以卜筮為業,不用下床就有人送錢來,現在還餘著數百錢,沒有可用的地方,當然是我有餘而你不足了。給我財物的人,是在損害我的精神;替我揚名的人,是在毀滅我的身體。所以不做官。」說得羅衝啞口無言。

和熹鄧皇后鄧綏,太傅鄧禹之孫女。老夫人很喜愛這個孫

第五章　德行操守

女，經常替五歲的鄧綏剪髮。老夫人年事高眼睛不大好，誤傷鄧綏前額，鄧綏忍痛不吭聲。別人就問鄧綏，鄧綏說：「不是不痛，太夫人憐愛我為我斷髮，不忍傷老人心意，所以忍受了。」和帝永元四年，鄧綏本當選入宮中，恰好父親鄧訓去世，鄧綏日夜號哭，整整三年不吃葷菜，面容憔悴，連家裡親人都不認得她了。

趙廣漢在擔任京兆尹時，處理各項公務往往通宵達旦。在他任京兆尹期間，為官廉潔清明，威制豪強，深得百姓讚頌。趙廣漢有個手下叫杜建，仗著自己有關係，在監造平陵中大肆貪汙。趙廣漢規勸無效，將杜建逮捕歸案，立時就有很多名門豪紳和宦官來為他說情，並且密謀把杜建從牢裡救出來。趙廣漢做事果敢，立即將杜建斬首棄市，百姓交口稱讚。趙廣漢後來被判腰斬，長安城數萬百姓為他求情。另外，他還發明了中國最早的舉報箱。

黃霸擔任潁川太守時，布施恩德，深得民心。許縣丞年老，犯耳聾病，督郵想辭退他，黃霸說：「許縣丞是一名廉潔的官吏，雖然年老，但還能拜起送迎，雖然耳朵不靈便了，但那又何妨？還是幫幫他吧！」黃霸還說：「經常更換長吏，辭舊接新官的費用和姦滑小吏乘交接之際棄匿簿書來盜取公物，公私所耗費用很多，這些錢都得由百姓來出，所換新官有的還不如以前的官吏，又何必常常更換呢？」班固評論道：「自從漢朝建立以來，要講治理百姓的官吏還是數黃霸第一」。

東漢時，張衡曾兩度任朝廷太史令，也曾擔任過地方官。當時的朝政腐敗，社會混亂，大臣貪汙瀆職現象十分嚴重。張衡任職期間，嚴厲打擊那些地方豪強劣紳。有富豪人家暗中送了一把「金錯刀」給他，想賄賂張衡，但張衡不為財貨所動心，毅然將「金錯刀」原物送回。張衡堅持「法治不失志」，經過大力整頓，民風大正。

劉寵任會稽太守時，簡除煩苛政令，禁察官吏的非法行為，政績卓著。朝廷調他為將作大匠，離任前，會稽郡山陰縣五六位老人各帶了一百個銅板，說：「我們是山谷鄙人，不曾認識郡太守與朝廷要員，別的郡太守治理時，官吏在民間搜刮，百姓不得安寧。自從太守您上任以來，狗夜裡不叫了，百姓也看不見官吏來索要；年老時遇到政治清明，如今聽說您要離任了，所以我們想送點禮給您。」劉寵推辭不過，只從每人的手中選了一枚銅錢收下了。後人稱他為「一錢太守」。

東漢有個太守叫羊續，為官清廉。他剛到南陽上任，下屬送了一條大魚給他，希望能討好羊續。羊續把生魚懸掛在住所的前庭處，讓魚風乾，明確拒絕收受賄賂。羊續就任南陽太守時，羊續的妻子與兒子羊祕前來找尋羊續，羊續卻緊閉著門不讓妻子進入，只帶著兒子羊祕進府，向其顯示自己的資產，只有幾張薄衣破被、不足數斛的鹽麥。羊續便向兒子說：「我也只是過著這樣的生活，如何供養你的母親呢？」於是讓兒子與母親返回故鄉。

第五章　德行操守

　　東漢時，合浦郡中不產糧食，而沿海盛產珍珠，百姓於是經常和鄰郡交趾互相通商，換取糧食。當地官吏見有利可圖，乘機貪贓枉法，經常派人濫捕亂採，結果珍珠逐漸徙到交阯接界。當地百姓生活困頓，客商不來，不少人餓死在道路上。孟嘗當了合浦太守後，革除敝政，不准漁民濫捕亂採。不到一年；珠蚌又繁衍起來，百姓返歸本業，稱孟嘗為神明。孟嘗後來離職，官民百姓拽住車請求他不要離任，孟嘗見無法登程，於是搭鄉民的船連夜離去。

　　西漢開國丞相蕭何早年任秦沛縣獄吏，後來輔佐劉邦起義，受封食邑一萬餘戶，利祿豐厚，位列三傑。蕭何雖然在朝中很有權勢，卻只在終南山下置了幾間茅屋。有人問他為何不在京城買個豪宅？蕭何說：「我住茅屋，如果我的子孫賢良，可傳我儉樸的家風；如果子孫不賢，房子再好，最後也會失去。」眾人一聽，大有道理。

　　袁盎擔任吳國國相時，有個從史偷偷地愛上了袁盎的婢女，與她私通。袁盎知道了這件事，不以為意。從史得知此事已被袁盎知曉後，立即逃回了家。袁盎親自駕車追趕從史，並把婢女賜給他，仍舊叫他當從史。後來吳楚叛亂，袁盎出使吳國被圍困，這位從史剛好是圍困袁盎的校尉司馬。為了救出袁盎，他變賣了自己所有的隨身物品，用這筆錢買了兩擔味道濃厚的酒，將士兵灌醉，然後乘夜裡帶袁盎離開。

　　光武帝想把姐姐湖陽公主嫁給宋弘，就把宋弘叫來，說：

「聽人都說『富換妻子貴換友』,是不是這樣?」宋弘說:「我可是聽說『貧賤之交不可忘,糟糠之妻不下堂』」。當時光武皇帝讓湖陽公主在後邊偷聽著,宋弘這麼一說,光武帝回頭對裡面說:「這事弄不成了。」

侯霸任淮平郡太守時,縣中清靜,民間太平。劉玄繼位,派使者拿詔書到淮平郡徵召侯霸還朝任職。百姓聞訊,男女老幼傾城而出,相攜大聲痛哭,手拉手擋住使者車,甚至橫臥道中,攔住使者的車,不讓使者帶走侯霸,一致請求讓侯霸再留一年。有人還告誡正哺乳的婦女不要生孩子,如果侯君走了,將來孩子必難保全。使者見眾志難違,擔心侯霸走後臨淮一定會亂,只得將詔書藏起來,將情況寫成奏狀回報給朝廷。恰逢漢更始帝失敗,道路不通,這一下連奏摺都免了。

劉秀的節儉是出了名的。有一次,外國使者向光武帝獻上一匹日行千里的名馬和一柄寶劍,光武帝接受後沒私自留下,而是把這匹千里馬送去駕鼓車,把寶劍賜給騎士。史書記載,劉秀平常「身衣大練,色無重彩,耳不聽鄭衛之音,手不持珠玉之玩」。這讓那些天天一身名牌生活腐敗的官員情何以堪?

王莽年輕時生活十分儉樸。身為當時大漢皇后王政君的姪兒,王莽家應該是不缺錢的,但由於他的崇尚簡樸,家人都穿得破破爛爛。有多破爛?我舉個例子。有一次,王莽的母親生病,很多官場上的朋友都來看望。王莽的妻子出去迎接,因為穿得太破爛,有人指著她問道:這人穿得這麼破爛,是您家的

第五章　德行操守

奴僕吧？王莽尷尬地笑了笑：不，這是拙荊。眾人大窘。

公孫弘常說：「人主的毛病，一般在於器量不夠宏大；而人臣的毛病，一般在於生活不夠節儉。」公孫弘位列三公，俸祿很高，但他在家中身體力行，奉行節儉。晚上睡覺只蓋一床布被，一頓飯從不吃兩種以上的肉菜。繼母去世，公孫弘視為親生母親，服喪三年。公孫弘當上宰相後，在東邊開了個小門，營造了三所客館，用來招攬天下賢才，並把自己所得的俸祿都用來奉養招待這些人。

東漢時，賈逵五歲的時候，就聰明過人。他的姐姐出嫁後因沒有孩子，被休回娘家。姐姐每天早晚都會抱著賈逵到鄰家聽他們讀書，賈逵每次都只是靜靜地聽，不說話，十歲時就能背誦《六經》了。姐姐說我們家沒錢請教書先生，你怎麼會把這些古文背得一字不差呢？賈逵說我都是小時候聽來的。沒有紙，賈逵剝下院中桑樹的皮，用它當紙來寫字，或把字寫在門扇上，邊念邊記，一年就把經書全通曉了。有學生不遠萬里來跟他學習，給他一些糧食作為學費，累積起來都裝滿糧倉，世人謂之舌耕。

許荊任桂陽太守時，有一次到耒陽縣。縣裡有位叫蔣均的人，因為跟兄弟爭奪家產而發生糾紛，將對方告到了縣衙。許荊得知此事後把蔣氏兄弟叫了過來，嘆道：「我擔負國家重任，謙讓的教化沒有得到很好的施行，導致你們兄弟為財物而反目，這一切責任都在我這個太守身上。」說完讓衙差拿來筆墨紙張，

當即寫了彈劾自己的請罪書,請求朝廷治他教化不力之罪。蔣氏兄弟見狀,感到很內疚,請求許荊治他們的罪。許荊任職十二年,父老稱頌。

東漢明帝時,皇后馬明德崇尚節儉,雖然貴為皇后,日常也不過就是穿著粗布衣裙,除了國家大典場合,從不穿貴重的絲綢織繡之衣。一次,後宮嬪妃前去見馬明德,遠遠地看見皇后的衣裙舒展,以為她穿的是昂貴的織錦衣服,走近一看,才發現不過是最普通的粗布衣裳。眾人面面相覷,馬皇后解釋道:「這種衣料容易染色,日常穿這種衣服就很好。」馬明德以身作則,為皇族公卿做表率,嬪妃們無不讚嘆,紛紛以皇后為榜樣效行節儉。

王莽稱帝後,儒生唐尊被王莽任命為太傅。為了配合王莽的「以德治國」,唐尊把自己標榜為道德楷模,他說:國家空虛,人民貧困,災禍的原因在於奢侈。應該身穿小袖短衣,乘坐母馬拉的簡陋車子,坐臥時用禾稈作襯墊,用瓦器作餐具,並將這些東西分贈給公卿。王莽大喜,封唐尊為平化侯。

張安世是歷史上少有的幾代門閥世家,他是武帝時期著名酷吏張湯之子。霍光死後,霍氏家族勢力被剷除,張安世此時成為漢宣帝最信任的大臣。但張安世非常節儉,平時穿黑色衣服,妻子經常自己紡織,家裡有家童700人,皆讓他們在農工商各個行業工作。所以他的財富多過霍家。漢宣帝對張安世的哥哥張賀追封為侯,並派200戶為他守墓,張安世懇辭,剩下30戶。

第五章　德行操守

婁護離職後賦閒在家。有一次成都侯王商下朝路上突發奇想，想去找這個老朋友聊聊天，他的祕書勸他說婁護家簡陋不堪，將軍萬金之軀「不宜入閭巷」，王商根本不理，前往婁護家。婁護家裡狹小，人多站不下，僚屬只好站在外邊車馬旁。偏偏又趕上天降大雨，王商的隨從全被淋成了落湯雞，那個祕書發牢騷說「不肯強諫，反雨立閭巷！」王商回家後有人把祕書的話打了小報告，王商聽後大為不滿，把祕書炒了魷魚並且終身廢錮。

漢朝時，京城發生一起綁架案，一個叫蘇回的皇宮侍衛被兩個盜匪給綁架了。京兆尹趙廣漢找到了劫匪的住處，沒有命人一擁而入，而是在庭院站下，派人敲門通告劫持犯：「京兆尹勸告兩位，不要傷害人質，此人是皇宮侍衛。你們現在自首，將來碰到大赦的機會，說不定還可獲得自由。」盜匪素聞趙廣漢威名，聞言開門請罪，趙廣漢也有禮貌地說：「幸好你們讓人質活了下來。」到監獄後，趙廣漢還給他們酒肉吃。兩名罪犯被判死刑，趙廣漢為他們安排後事。兩罪犯嘆服：「死無所恨！」

陳寔在潁川老家時，歲荒民儉，有個小偷夜裡摸進了陳寔家中，躲在房梁上。陳寔發現後，不動聲色，起來整頓衣服，叫來子孫，正色訓誡道：「人不能不上進。壞人的本性不一定是壞的，長期的壞習慣就養成人心惡了。」說完手往梁上一指，「梁上君子就是這樣的人！」小偷大驚，跳下來誠懇認罪。陳寔對他說：「看你的長相，也不像個壞人，應該是貧困所致。」於是送了二匹絹給小偷，從此全縣沒有再發生盜竊。

東漢順帝年間，四海不靖，天下盜賊蜂擁而起。有個廣陵大盜張嬰，凶悍異常，數年間率眾寇亂揚州之地，殺掉了很多的地方官員，朝廷數次鎮壓，皆是無功而返。張綱接到任命後，單車赴任，一到揚州就直奔張嬰的營寨。張嬰聞報大吃一驚，竟然率眾跑掉。張綱只帶十幾個人一路追趕，投書張嬰，請他出來相見，諄諄勸教，為其剖陳厲害。張嬰被感動，率家眷縛身歸降。

　　彭修是會稽毘陵人。十五歲時，父親當郡裡的官員，獲得休假的機會，和彭修一起回家，在路上被強盜打劫。情勢窘迫，拔劍走到盜賊跟前說：「父親受辱，兒子當死，你們難道不怕死嗎？」盜賊聽了說：「這是少年英雄呀！」於是撤走。鄉里的人都稱讚彭修的名聲。

　　趙孝和弟弟趙禮關係很好。有一年鬧災荒，一夥強盜把趙禮捉去準備祭祭五臟廟。趙孝為救弟弟，把自己五花大綁去見盜賊，說我弟弟有病，他的身體又很瘦，不好吃。我的身體生得很胖，你們放了我弟弟，吃我吧！弟弟不肯答應，哥倆抱頭大哭。強盜大為感動，放了兄弟倆，讓趙孝找點米來。可天下饑荒，哪有米可尋？趙孝不願背信棄義，仍舊返回賊窩說，實在對不住，我沒找到米，你們要實在餓得慌，乾脆吃我得了。強盜們為趙孝的大義所折服，放棄了吃人的念頭。

　　曹騰在宮內供事三十多年，一直小心謹慎，還經常向皇帝推薦一些名士，名聲不錯。有個蜀郡太守透過計吏想送點禮給

第五章　德行操守

　　曹騰，被益州刺史種暠在斜谷關查出。種暠上書彈劾蜀郡太守和曹騰，皇帝說，這信是從外面來的，不是曹騰的過錯，扣下奏摺。曹騰也不介意此事，還時常在皇帝面前稱讚種暠是有才能的官員。後來種暠感慨說：「我能當上司徒，都是曹常侍的幫助啊！」值得一提的是，曹騰收養姪子為子，即曹操父親曹嵩。

　　漢順帝時，外戚梁冀總攬朝廷兵權，一個妹妹是當朝太后，另一個妹妹還是順帝皇后，梁氏一家權勢正盛。皇帝為了裝裝樣子，詔遣八位使臣行巡天下。七人受命上路，唯有張綱才出洛陽都亭幾里許，便慨然嘆曰：「豺狼當道，安問狐狸？」即日毀車返都，並上書彈劾權傾一時的內戚大將軍梁冀、河南尹梁不疑兄弟，歷數他們肆無忌憚，貪汙受賄，陷害忠良，禍亂國家的滔天罪行，朝廷為之震動。

　　漢文帝年老，開始安排自己的後事。他想在霸陵橋修起一座龐大的陵墓，就對群臣說：如果以北山的石為槨，用絲麻加漆汁漆合起來，誰也無法觸動到棺柩了。中大夫對文帝說：再牢固的陵墓，也是有隙可乘的，若得民心，雖無石棺，也不必擔心百姓破壞了。文帝恍然大悟，覺得他講得有道理，遂拜張釋之為廷尉。

　　王生是喜好黃老學說的處士。曾被召進朝廷中，三公九卿全齊聚站在那裡，王生是個老年人，說：「我的襪帶鬆了。」回頭對廷尉張釋之說：「幫我結好襪帶！」張釋之跪下結好襪帶。事後，有人問王生說：「你怎麼能在朝廷上羞辱張廷尉，讓他

跪著替你結襪帶呢?」王生說:「我年老,又地位卑下,給不了張廷尉什麼好處。張廷尉是天下名臣,我故意羞辱張廷尉,讓他跪下結襪帶,想用這種辦法加強他的名望。」各位大臣們聽說後,都稱讚王生的賢德而且敬重張廷尉。

東漢時,劉寵為官清廉樸素,家裡沒有多少資財。有一次,他出京到外地去,路經亭舍想進去休息一下,亭吏阻止他說:「我們整頓屋舍,打掃乾淨,特地等待劉寵大人到來,您不得在這裡休息。」劉寵聽後一言不發,悄然離去,當時人們聽到這件事,都稱讚他為忠厚的長者。

東漢時的孔融是孔子的第二十世孫,他是泰山都尉孔宙的第二個兒子。孔融四歲的時候,一次和兄長們吃梨,孔融挑了個最小的梨子,其餘按照長幼順序分給兄弟。大人們問他這是為何,孔融說:「我年紀小,應該吃小的梨,大梨該給哥哥們。」同宗室的人從此對他刮目相看。這個故事後來寫進了《三字經》中:「融四歲,能讓梨,弟於長,宜先知。」

邴吉的車伕好酒,一次跟著邴吉出行,醉酒嘔吐在丞相車上。管家告訴邴吉想要趕走車伕,邴吉說:「因酒醉的失誤而趕走士,讓這人將在何處容身?」之後將他留了下來。這個車伕家在邊郡,對邊塞緊急軍務的事很關心,也比較熟悉。一次邴吉外出,遇見邊郡緊急公文來到,車伕探聽到消息後轉告了邴吉。皇帝召見丞相、御史,詢問邊境事宜,御史大夫倉促間答不出來,因而受到責備,邴吉則一一答對。車伕的感恩之舉讓

第五章　德行操守

邴吉得到了福報，所謂「愛出者愛返，福出後福回」。

博士桓榮曾當過漢明帝的老師，明帝即位後，經常親臨太常府，請桓榮坐東面，設定幾杖，召百官和桓榮弟子數百人來行弟子禮，明帝親自執弟子禮節，聆聽老師教誨。學習中，有人向明帝請教，他總是很謙遜地說：「太師在這裡，我們好好聽太師講吧！」桓榮病重，明帝親自登門看望，每次探望老師，明帝都是一進街口便下車步行前往，以表尊敬。進門後，往往拉著老師枯瘦的手哭泣，賜給他床茵、帷帳、刀劍、衣被，良久乃去。皇帝對桓榮如此，大臣們自然仿效，從此後諸侯、將軍、大夫來探病的，不敢再乘車到門口，都在床前下拜。

直不疑是一個極有道德的長者。他為官時，有同事張官回家，誤拿了同事李官的金子回去，李官發覺金子不見了，便懷疑是直不疑拿的。直不疑也不否認，還了一袋金子。後來張官回來說清自己誤拿金子之事，李官大慚，向直不疑道歉。直不疑由此名聲大振。

李廣為官清廉，對待部下十分寬厚，得到賞賜就分給他的部下，飲食總與士兵在一起。他帶兵時，遇到缺糧斷水的地方，見到水，士兵還沒有完全喝到水，李廣不去靠近水；士兵還沒有完全吃上飯，李廣一口飯也不嘗。李廣對士兵寬厚和緩不苛刻，士兵也因此愛戴他，樂於為他效命。

西漢時韋賢精通《詩》、《禮》、《尚書》，聲譽卓著，號稱鄒

魯大儒。宣帝拜他為丞相，封扶陽侯。韋賢年老辭官時，皇帝賞給他一百斤黃金。韋賢有四個兒子，小兒子韋玄成又以才學超群受到皇帝重用，位至丞相。因此，鄒縣有諺語說：「遺子黃金滿籯，不如教子一經。」做父母的要真正疼愛孩子，就應為他們的前途考慮，做長遠打算，留給子孫萬貫家產，不如教給他立身處世的本領。

公孫弘為人兩面三刀，心胸狹窄。董仲舒和公孫弘都是《春秋公羊傳》的研究者，但公孫弘的成就遠遜於董仲舒。董仲舒認為公孫弘為人阿諛逢迎，公孫弘嫉妒加憎恨，就去對皇上告狀說：「只有董仲舒可以擔當膠西王的國相。」董仲舒於是被安排到膠西那裡，做了宰相。當時的膠西王劉端為人狠毒暴戾，數害官吏，肆行不法，但是一向聽說董仲舒有美德，對董仲舒十分禮遇有加。

許荊年輕時在郡裡做官，兄長的兒子許世發誓要殺了仇家為父報仇，正好仇家一夥人主動前來尋釁。許荊趕緊出門迎頭攔住眾人，跪地央求道：「許世之前言行不檢點冒犯了各位鄉親，責任都在我這個當叔父的沒教育好他。兄長早逝，留下這根獨苗，如果你們殺了他，兄家可就絕後了。我願以身代姪子去死。」仇家聞言頓時氣消，伸手扶起許荊說：「許大人賢孝寬厚全郡聞名，我們怎麼敢動您呢！」說罷都扭頭回去了，從此不再記仇。

第五章　德行操守

　　許武舉孝廉,為了讓兩位弟弟晏、普成名,以「禮法有不同歧義家庭也有分家的道理」為由,準備分家。他把家產分成三分,自己拿了肥田、廣宅和能幹的僕役,把其餘的都留給了兩個弟弟。鄉里人都稱讚晏、普的謙讓,而指責許武的貪婪,晏、普也因此被舉孝廉。許武見目的已達到,召來宗室親族,哭泣道:「我這哥哥不肖,盜名竊位;兩位弟弟沒有任何榮祿,所以才出此下策。如今財產比之前三倍之多,我願全部留給弟弟。」鄉人聞之稱頌。

　　劉虞擔任博平縣令時,愛民如子,處事公正賞罰分明,境內沒有一起申訴事件,百姓沒有發生過竊盜。劉虞辭官回家後,經常拿出自己的東西分給窮人,很受當地百姓愛戴。有人丟了牛,和他的牛非常相似,牽走他的牛,劉虞也不以為意,直到那個人找到以後親自把牛送來,劉虞仍然不說一句批評別人的話。

　　漢朝河南太守嚴延年凶狠好殺,河南郡的人都稱他為「屠伯」。有一天,他的母親從東海來,剛到洛陽,就碰上處決囚犯,一看之下大為震驚,便留在都亭,不肯走進郡府。她見了嚴延年便責備道:「一個人要敬畏天道神明,不可任意殺人,我不想在年老的時候看到自己正值壯年的兒子遭到刑獄。我要回東海去,為你在東海整理墓地,等你的噩耗傳來。」一年後,嚴延年果然被判死刑,東海郡的人都稱讚他母親的賢明與智慧。

　　衛青功勳卓著,滿朝文武無不對他奉承討好,見了衛青都

得行跪拜禮,只有汲黯不買帳,對衛青愛理不理,甚至敢於頂撞衛青。朋友好心勸告他:「大將軍衛青現在位尊望隆,你就不怕得罪他嗎?」汲黯反駁:「按你這樣說,大將軍有一位平輩對他作揖,難不成這樣就使他的地位低賤、聲望不隆了嗎?」衛青知道後,感慨道:「當年我地位卑微時,稍比我有地位的人,視我如牛馬;今日我身居高位,眾人又捧我如日星,只有汲黯不卑不亢,汲黯真是賢明之人啊!」於是待汲黯比往日更加尊重。

石奮以孝謹聞名,教育兒子也是尊禮孝敬。有一次,擔任內史的兒子石慶酒醉歸來,進入裡門時沒有下車。石奮知道後不肯吃飯。石慶慌了,光著膀子向父親請罪,石奮不答應。全族的人和哥哥石建也光著膀子替石慶求情,石奮這才挖苦說:內史是大貴人,進入我們這小窮巷子,巷中父老理應為你迴避;內史坐車大搖大擺進門,本是應該的嘛!說完就喝令石慶走開。此後石慶及兄弟們每次到裡門時,都早早下車,一路步行走到家。

西元 2 年,中原發生旱災蝗災。王莽帶頭捐款一百萬錢,捐地三十頃,救助窮人。二百三十個貴族也捐出大批糧食、土地,分給弱勢群體。民眾捕蝗蟲,按多少給錢。全國無災地區凡是財產不滿兩萬錢、受災地區財產不滿一萬錢的貧民,免交租稅。發生病害的地方,騰出大房子給病人醫治。一家死六人以上給葬錢五千,四人以上給三千,兩人以上給兩千。

漢成帝的姪子劉欣帶著定陶國中二千石的官員拜見成帝。

第五章　德行操守

當時成帝最小的弟弟中山孝王劉興也來朝，但他卻只讓自己的師傅陪同。成帝問劉欣原因，劉欣答：「按照法令，諸侯王來朝見皇帝，可以帶國中俸祿達到二千石的官員。」成帝讓劉欣誦讀《詩經》，劉欣十分熟練，而劉興則連基本的斷句都不會，吃飯慢騰騰，連鞋帶都繫不好。成帝對劉興很失望，而對劉欣很是喜歡，這小子不錯，有老子的風範，於是就立他為皇太子，即後來的漢哀帝。

張賀是張安世的哥哥，一次在張安世面前稱讚皇曾孫（後來的漢宣帝）的才幹，還談到與皇曾孫有關的一些奇異徵兆。張安世一看越說越邪了，及時制止了他：皇上正年輕呢，你就稱道皇曾孫，你長了幾個腦袋？漢宣帝即位，張賀已去世，宣帝對張安世說：「張賀當初無端的稱讚我，將軍制止他是對的。」並準備封張賀的養子張彭祖為侯。張安世堅決辭謝，宣帝說：我這都是為了張賀，你管哪門子閒事啊？張安世這才罷休。

西漢末年，王莽主政。地方受災，王莽帶頭捐款捐糧；國家每有水旱災害，王莽就不再吃肉，堅決只吃素食。身邊的人將這件事告訴王太后，太后十分感動，特地派使者詔告王莽：「我聽說您只吃素食，為民憂慮太深了。今年秋收幸而豐收，您要依時吃肉，為國家愛惜身體！」

漢明帝死後，漢章帝繼位，尊馬皇后為太后。馬太后在撰寫明帝的生活錄時，特意刪去了其兄馬防在明帝病危之時侍奉一事。漢章帝心中過意不去，請求道：「一年來，舅舅早晚都侍

奉在先帝身邊,如今既不表彰他,又不記錄這件事,是不是有點過分了?」馬太后說:「我不想讓後世知道先帝親近後宮的家人,所以才不記錄的。」漢章帝聽後,更加敬佩馬太后的賢德。

陳寔出身於寒微之家,立志勤奮學習,刻苦讀書。一次,縣令鄧邵與他交談,見其見識不俗,認為他是個奇才,讓他到太學裡學習。陳寔隱居躲避到陽城山中時,附近發生了一起命案,同縣的楊吏懷疑是陳寔做的,將他逮捕關了起來,幾次鞭笞拷問都沒有得到證據,而後才放他出來。等到陳寔當了督郵,還暗中囑託許昌縣令,以禮召見楊吏。遠近聞者,咸嘆服之。

中常侍侯覽委託高倫重用一人。高倫任用他為文學掾。陳實認為此人無德無才,不能勝任,就對太守高倫說:「此人不可用,但侯常侍又不能違拗,還是讓我出面安置他吧!如此便解決了問題也不會影響您的清譽了。」後來郡中官員都指責陳實用人不當,但他一直保持沉默。直到後來高倫對眾人說出真相,聞者方嘆息,被他的品行折服。

文帝崇尚省儉克奢。臨終前他說:「天地萬物,沒有不死的。死亡是天地之理,自然現象,沒有什麼好悲哀的。但是如今,大家都喜歡生而不喜歡死,因此風光下葬而導致破產,讓民眾長期服孝以至損傷身體,我很反對,我也沒有什麼才能,不能很好的幫助百姓。現在我死了,卻大勢操辦,這不是加重我的不德嗎?」於是下令:自己死後三天,全民都可以脫去孝服,喝酒、吃肉,該做什麼就照做,不要有所忌諱。

第五章　德行操守

　　楊王孫崇尚黃老之術，家有千金。病危時，對他的兒子說：我想裸葬，希望你能照辦。兒子很為難，找到王孫的朋友祁侯繒它。繒它致信王孫：我聽說你想裸葬。如果死者泉下有知，難道要赤裸著見先人嗎？緊接著他又援引《孝經》中的「為之棺槨衣被」，勸王孫三思。王孫回信說：古人不忍見其親人暴屍地下，故為制禮。今人越禮厚葬，乃是鋪張浪費。俗人競相攀比，致使錢物腐之地下。有時今日入土，明日盜發，這與暴屍野外何異？祁侯稱善。

　　雋不疑為官時，巡視下屬各縣，省查囚犯有無冤情，回來後，他的母親經常問他：「犯人中有沒有得到平反的？讓幾個人因平反而活命？」如果有，他的母親會很高興，吃飯時笑著夾菜給他，說話與平時不一樣。如果沒有人平反出獄，他的母親會很生氣，甚至不吃飯。所以雋不疑當官，嚴厲卻不殘酷。

第六章
世間萬象

　　劉邦和劉秀同樣是草根出身。劉邦起義前，好歹是一個泗水亭長，再不濟也是一個基層官員。劉秀在起義之前，連亭長也不是，只是一名普通的放牛娃、莊稼漢。但這並不影響他們建立一個偉大的王朝。誰說平民無法成功？

　　陳勝吳廣起義時，有個武臣自立為趙王。趙王手下有員大將李良，打不過章邯，回邯鄲請求增兵，遇到武臣的姐姐。李良伏身相迎，可是趙王的姐姐喝醉了，只是叫手下人去向李良回禮，然後揚長而去。李良很沒面子，被部將一激，大腦頓時短路，惱怒之下就追上去，殺掉了趙王的姐姐，順便殺了趙王。評：不尊重別人就是不尊重自己，不但會自取其辱，甚至可能自取滅亡。

　　楚漢相爭，項羽出生貴族，有拔山之力，蓋世之氣，帶著8,000江東子弟兵起兵反秦，百戰百勝，所向披靡；劉邦則原本是沛縣一介布衣，靠著一群窮兄弟起兵，在與項羽的決戰中屢戰屢敗，打不過就跑。結果西楚霸王兵敗垓下，漢中王劉邦問鼎天下。劉邦成功的關鍵在於，他本就一無所有，輸了可以重

第六章　世間萬象

頭再來,他勝在團隊和輸得起的心態。而項羽卻是名將之後,他無法接受失敗的結局,他輸不起。

楚霸王項羽缺點和優點一樣鮮明,優點是武力超高,勇猛善戰,有拔山之力蓋世之氣,缺點是不善於識人用人,韓信失望跳槽了,陳平被嚇走了,范增受疑離去了,鍾離眛被棄置了,英布被逼反了,張良逃離了,周殷被策反了。項羽的缺點和優點一樣鮮明。根據著名的木桶理論,一只木桶盛水多少,取決於最短的那塊板。由此看來,項羽的失敗是必然的了。

劉邦入關中之後,與百姓約法三章:「殺人者死,傷人及盜抵罪。」劉邦這 10 個字的安民告示樹立起了新政權威嚴公正、取信於民的形象。而項羽的「入關三部曲」則是火燒秦宮室、殺子嬰、最後竟然喪心病狂地屠殺平民百姓,盡失關中人心,也預示了楚漢相爭項羽失敗的結局。歷史的經驗無數次證明:得民心者得天下。

劉邦死後,呂后專政。趙王劉友乃劉邦之子,呂后以呂族女子為其王后。劉友不愛她,而重情於別的妃子。王后就誣告劉友有大逆不道的言論。呂后大怒,將劉友召到京師,包圍軟禁,不供給食物。有大臣偷送食物給他,立即被逮捕。劉友作歌曰:「諸呂用事兮,劉氏微;迫脅王侯兮,強授我妃。我妃既妒兮,誣我以惡;讒女亂國兮,上曾不寤。我無忠臣兮,何故棄國?自快中野兮,蒼天與直!於嗟不可悔兮,寧早自賊(自殺)!為王餓死兮,誰者憐之?呂氏絕理兮,託天報仇!」表達

了對呂后謀篡劉氏江山、殘害劉氏諸王的強烈憤慨，後被餓死。

東漢趙興修葺館舍不問日子，太歲頭上動土，官至司隸校尉；吳雄母親去世，隨便找了個沒封口的洞埋葬，出門還不問日子，最後位列三公。陳伯敬為人規規矩矩，走路正步，坐姿端正，非禮勿視，非禮勿問，出門挑日子，回來選時辰，結果一輩子只做了個孝廉，最後還被女婿連累而死。人道易守，天道難知。

蔡倫是東漢宦官中的元老，服務過章帝、和帝、殤帝、安帝這四代帝王。章帝時，皇后竇氏不能產子，拉攏上蔡倫，做自己的心腹，誣陷其他嬪妃，逼死宋貴人，陷害梁貴人，收納劉肇為養子。皇后竇氏去世後，蔡倫又傍上了另一個皇后鄧氏，節節上升，身居列侯。漢和帝逝世，劉祜繼承大統。蔡倫知道劉祜是清河王劉慶的兒子，而自己之前又陷害過劉慶母親宋貴人。蔡倫自知死罪難免，於是自盡而亡。

叔孫通投降劉邦後，跟隨他的儒生和弟子有一百多人，但叔孫通並沒有向朝廷推薦任何人，只推薦以前群盜中的壯士。有的弟子不滿：「我們跟隨先生多年，跟他投奔漢王。如今先生不推薦我們當官，唯獨推薦那些盜賊出身的人，這是為何？」叔孫通解釋：「漢王現在正冒著生命危險去爭奪天下，各位難道能為漢王作戰嗎？我先推薦那些能夠打仗的人，希望各位再等等，我絕不會忘記你們的。」

第六章　世間萬象

　　匈奴休屠王子金日磾在父親死後淪為官奴，被送到皇家馬場養馬。一次，漢武帝帶眾妻妾來馬場看馬，當馬伕們牽著馬經過看臺時，幾乎都被武帝的漂亮妻妾吸引了目光，把持不住向臺上偷窺，唯獨金日磾目不斜視地走過看臺。金日磾的獨特表現引起了漢武帝的注意，一番交談，隨後封他做馬場的老大，後來進入了漢朝的權力核心。

　　義縱官拜右內史，武帝巡行鼎湖，病了很久。病好到甘泉宮去，道路沒修好，武帝大怒：「義縱你是不是以為我再也走不了這條路了？」義縱嚇得不敢言，招致武帝的怨恨，也為他後來的悲劇埋下了伏筆。同樣的情形，上官桀卻以擔憂皇帝的身體欠安，日夜憂懼、意誠不在馬為藉口，騙取了皇帝的信任。上官桀以一句話得到重用，義縱卻被砍了頭，可以說一人幸運、一人不幸。

　　李廣有一次到終南山去打獵，回來時去一個朋友那裡喝酒，出來後搖搖晃晃走到了霸陵亭。霸陵夜間宵禁，看守霸陵亭的縣尉也喝了酒，不讓李廣通過。李廣的隨從說這位是前任將軍李廣。縣尉搖搖頭說：就是現任將軍尚且不能夜間通過，何況是前任將軍！於是就扣留了李廣等人，留宿霸陵亭下。李廣懷恨在心，復官後第一件事就是將這個縣尉調到自己的軍中並殺了，可見其心胸狹窄。

　　文帝時，衛綰任郎中令，一次太子劉啟設宴請他，但衛綰對於文帝的繼位問題還沒弄明白，怕站錯了邊，所以執意不

去。後來劉啟即位，當面問及此事，衛綰唯恐被揭穿，說他當時有病，不能赴宴。劉啟看到衛綰如此忠厚，賞賜寶劍給衛綰以示恩寵，衛綰說，先帝總共賞賜給臣六把寶劍，不敢再要了。劉啟說，寶劍可以自由交換、買賣，你不會一直保存著吧？衛綰說一直都在呢！劉啟讓他把寶劍全部拿來，結果寶劍全都在劍鞘中，沒有使用過，景帝大為感動。

趙敬肅王劉彭祖，不喜為王而喜為吏。經常半夜帶人巡視城中盤查行人，捉捕盜賊，來往商客不敢留在邯鄲過夜。劉彭祖心機極深，漢相到任，彭祖每次親迎，偽裝謙和，漢相一旦說錯什麼話，劉彭祖就立即記下來。漢相不聽話，馬上向朝廷告發。彭祖為王60餘年，漢相未有能滿兩年的，「大者死，小者刑」。

漢朝時，百姓和官員喜歡買車，當然是買馬車。朝廷大員用車有嚴格的規定，你是部級官員，就不能用廳級官員的車，不然都不好意思出門。馬車的等級高，養車費自然也不低，一輛豪華車一年的費用為一千石糧食，大約相當於今天的13,500公斤糧食。漢元帝時有位御史大夫叫貢禹，年薪只有「中二千石」，比二千石稍高，但他的馬車一年的養車費就得一千石。堂堂漢朝副丞相養車要花一半的年薪，可憐的貢禹先生只得在家中吃糟糠、穿短衣了。

地皇四年，王莽被殺後，屍體被砍成了碎塊，頭顱被懸掛在城樓上。幾個時辰之後，人們把王莽的頭顱拿下來當球踢，

第六章　世間萬象

你一腳，我一腳，不久就踢得稀爛。有人還不解恨，把王莽的舌頭從口中剜出來，剁吧剁吧分著吃了。這得有多大的深仇大恨啊！王莽的頭顱後來被各代收藏，直到西元 295 年晉惠帝時，洛陽武庫大火，王莽之頭焚毀。一同被燒毀的還有孔子屐，漢高祖斷白蛇劍。

有一年，陳平的家鄉正逢社祭，人們推舉陳平為社廟裡的社宰，主持祭社神，為大家分肉。陳平把肉一塊塊分得十分均勻。地方上的父老鄉親們紛紛讚揚他說：「陳平這孩子分祭肉，分得真好，太稱職了！」陳平卻感慨地說：「假使我陳平能有機會治理天下，也能像分肉一樣恰當、稱職。」話雖然說的有點大，但絕不是空穴來風。後來陳平做了丞相，實現了自己當年的心願。

劉邦的謀士陳平，年輕時一貧如洗，富人家不願意把女兒嫁給他，窮人家的他又看不上，正所謂高不成低不就。有個叫張負的富人，孫女嫁了五次，丈夫都死了，在當地成了一個剋夫的象徵，沒人敢娶。張負有一次在喪事上看到陳平，經過跟蹤調查，決定把孫女嫁給陳平。兒子不理解，張負說：此人窮得沒褲子穿，但每天都有許多貴人駕車趕來和他聊天，將來前途一定不可限量。陳平後來做到了丞相的位置，張老漢的眼光不可謂不精準啊！

西漢後期，外戚王氏家族個個榮登高位，但王莽的父親早死，這一切都與他無緣。在其他的王家子弟聲色犬馬的時候，

王莽只能過著清貧的生活。不過，窮人家的孩子早當家，王莽摒棄聲色，拜當時的名儒、沛郡陳參做老師，孜孜不倦地攻讀經書，對叔伯長輩極其謙恭有禮。大司馬王鳳病重時，王莽日夜侍候，衣不解帶，王鳳對這個姪子很滿意，臨死前極力向成帝保薦王莽。王莽當了黃門郎，由此踏上了仕途。

梁鴻生於官宦之家，父親曾被王莽封為修遠侯。幾年後，天下大亂，梁讓舉家逃難，途中因病去世。梁鴻的母親無奈之下獨自離開了梁家。父母離去，梁鴻的家庭就此衰落，成了貧民。曾經的僕人、僚屬見梁鴻家敗落了，都紛紛搶掠財物，遠走高飛另謀出路。梁鴻孤苦無依，只得用一張破席草草地埋葬了父親，到當時的京師長安謀生和求學，在父親昔日的幾位故吏幫助下進了太學學習。

陳湯少年時喜歡讀書，寫文章思路開闊，但因家中貧困，有時只能靠乞討度日，所以不為鄉里看重。後來他流浪到長安，與富平侯張勃相識。漢元帝下詔，要求公侯大臣推薦年輕的人才，張勃便向朝廷推薦了陳湯。但是陳湯在待選期間父親過世，按照律法，他應該回家奔喪。陳湯隱瞞了此消息，結果事情敗露而下獄。出獄後，在別人的舉薦下，陳湯終於被任為郎官。

王莽時代，劉秀去長安上學，因為錢不夠用，和同窗好友湊錢買了驢，由隨從的僕人牽著替人載物賺錢。在長安太學就讀時，劉秀和同窗合夥做生意，賣蜜合藥賺錢。這才是貨真價實的打工皇帝！

第六章　世間萬象

　　翟方進少時家境貧賤，十二歲時喪父失學，在太守府中做小吏。由於翟方進生性太遲鈍，不會辦事的他經常被衙門中的其他人打罵欺辱。翟方進很自卑，問蔡父自己適宜什麼職業。蔡父對他的形貌非常驚奇，說：你有封侯骨，應當努力研究諸子學問。翟方進於是辭職去了京城長安求學，他的繼母擔心他年幼，便隨同他去了京城，以編織鞋履供他讀書。娘倆如此這般的艱苦度日，終於苦出了頭，翟方進成為了京城求學學子中的佼佼者。

　　竇皇后的弟弟竇廣國年幼時，因家境貧困，被人販子賣到了外地。竇廣國後來到了宜陽，幫人家進山挖石炭。一天黃昏，山崖邊有一百多人在睡覺，山崖突然崩塌，壓死了睡在崖邊的人，只有廣國脫險逃生。幾天後，他到長安，聽說新封的皇后姓竇，原籍在觀津。竇廣國心想：不會就是我姐姐吧？他壯著膽子寫了封信給竇皇后。竇皇后讓他回憶一些往事，廣國道：「當年和姐姐分別時，姐姐幫我洗頭，給我吃了飯才走的。」竇皇后明白這就是失蹤多年的弟弟，一把將弟弟緊緊地摟住，姐弟倆涕淚交加。

　　成都侯王商曾經得病，想避暑，竟大膽向成帝提出違禁的要求，說自己怕熱，皇上的明光宮三面臨水，十分涼快，想借住一夏避暑。王家正當盛世，成帝對幾個舅舅一向遷就，居然答應下來。王商於是橫穿長安城挖溝渠引灃水到家中，在家中行船。過了一段日子，成帝到王商家中，看到王商家後苑內修

鑿了一個巨大的水池,水上還能行船後,心中很是不滿,但想到王家的勢力龐大,只好把話憋在了肚子裡。

王莽為了提升自己的威望,經常作秀。他有個姪子叫王光,拜一位儒學博士為師。王莽經常親自跑到這位博士家裡,送上酒肉,連王光的同學也跟著沾光,令老師和同學們又是感激又是敬佩。王光和王莽的兒子王宇同日娶妻,王莽正在陪賓客喝酒聊天,有侍者告訴王莽他的母親該服藥。王莽很是孝順,數次離席到後堂服侍其母用藥。賓客們翹起大拇指讚口不絕:真是孝子啊!由此,王莽的聲譽日隆。

冒頓登位時,正是東胡強盛時期,東胡聽說匈奴內部內訌,也想占點便宜,派使者對冒頓說,想要頭曼的千里馬。冒頓徵求大臣們的意見,大臣們表示,千里馬是匈奴的名馬,不應給東胡。冒頓說,不就是一匹馬嗎?給你就是了。東胡不久又提出想得到單于的一個閼氏。大臣們再一次反對,冒頓說,不就是一個女人嗎?給你就是了。東胡見冒頓好欺負,又想要兩國之間的一塊土地。大臣們有的反對,有的同意。冒頓大怒:地者,國之本也,怎麼可以拱手相讓予人!下令將所有主張割讓土地的大臣處死,然後集合三十萬軍隊,大敗東胡。

主父偃早年學習縱橫術,後來見儒學開始走紅,便又攻讀儒家經典。因為在齊國受到儒生的排擠,主父偃又北遊燕、趙、中山等諸侯王國,還是遭人白眼。主父偃於是去了長安,投奔到衛青門下。衛青見其口才不錯,多次向武帝引薦,但無

第六章　世間萬象

結果。主父偃斗膽上書武帝，陳述自己的治國主張。漢武帝親自召見主父偃提問，見他回答得體，很是高興，遂任命他為郎中。主父偃由此平步青雲，走上了仕途之路。

劉秀長兄劉縯生性勇武剛毅，喜歡結交四方游俠，不喜耕種。而劉秀則處事極為謹慎。劉演經常笑話劉秀，自比劉邦，把劉秀比作整日埋首田間的劉仲。新莽末年，天下的亂象已現，更始帝任命劉縯為大司徒，封為漢信侯。但劉縯名聲日隆，為更始帝所忌。後來更始帝藉口處死劉縯。劉秀聞訊趕赴宛城謝罪，不表昆陽之功，不敢為劉縯服喪，這才得以保全自己，在河北奠定了自己的萬世基業。

王莽出身於西漢末年的外戚王家，不幸父親早逝。當王家其他所有的富二代們驕奢淫逸、聲色犬馬時，沒爹的孩子王莽只有過著清苦的生活。有一次，王莽偷偷買了一個侍婢，不小心卻被昆弟們全知道了。王莽就說，「後將軍硃子元無子，莽聞此兒種宜子，為買之。」當日，就將這個侍婢奉送給了硃博。

董仲舒出任江都國相時，依據《春秋》記載的自然災害和特異現象來探究自然規律，提出了求雨時關陽氣放陰氣，止雨時關陰氣放陽氣，在江都國初步實行時效果不錯。後來董仲舒居家寫《災異之記》，當時遼東高廟發生了火災，主父偃偷書上奏武帝。武帝讓學者討論，認為該書譏諷朝政。董仲舒的學生呂步舒當時也在場，他不知這是老師寫的，批評此書是「大愚」，結果董仲舒被判死罪，僥倖被赦免。之後董仲舒再也不敢談論

災異之說。

　　齊地人東郭先生長期在公車府候差,貧困飢寒,衣服破舊,鞋子也不完好。走在雪地裡,鞋子有面無底,腳全都踩在地上。東郭先生說:「你們這是羨慕嫉妒得很。除了我以外,誰還能穿鞋走在雪地裡,只有鞋面,腳板當鞋底,你們有嗎?」後來,東郭先生在衛青的推薦下見到了武帝,被任命為俸祿二千石的官,佩帶著青綬,走出宮門,去辭謝他的主人時,舊時同他一起候差的,都分批的在都城郊外為他餞行。一路榮華顯耀,名揚當代。

　　王太后在嫁給漢景帝前曾在民間生有一女。武帝即位後,寵臣韓嫣將此事告訴了武帝。武帝聽後不僅不覺得丟面子,反而責問:為什麼不早告訴我?在探知這家人的住處後,立即前往迎接。這家人哪裡見過這樣的陣式,嚇得不知所措,那女的乾脆躲起來了。武帝找到她後對她說:大姐,妳何必躲著我啊?隨後將她載回宮中,和其母王太后相見。王太后沒想到有生之年還能見到自己的親生女兒,抱頭痛哭。武帝親自端著酒杯,向母女二人表示祝賀,厚賜了這位同母異父姐姐。

　　王莽當皇帝之後,國號為新。當時的學界領袖揚雄仿司馬相如〈封禪文〉寫了一篇〈劇秦美新〉獻給王莽,說王莽「配五帝、冠三王」、「奉若天命」。文中抨擊秦始皇焚書、統一度量衡等措施,對王莽則歌功頌德。此文曾被看做是揚雄的「白圭之玷」。因為王莽是逆臣,不該歌頌。

第六章　世間萬象

　　秦末百姓起義,齊將田榮被秦軍章邯圍困,項梁得知後打跑了章邯替田榮解圍。後來項梁危急時,請田榮援助,不料這小子竟然做勢充起大爺來了,還講起了條件:除非楚殺掉田假,趙國殺掉田角和田間,我才會出兵。要不然,想都別想了!其人心胸狹隘至此。不過冥冥之中自有天意,田榮後來被項羽打敗,逃亡途中被殺,也算是應有的報應吧!

　　叔孫通奉命徵召魯地儒生三十多人,有兩個儒生不願走,說:「您侍奉過近十位君主,都是靠當面阿諛奉承取得顯貴的。如今天下剛定,死去的還沒埋葬,傷殘的欲動不能,又要制定禮樂法規。從禮樂興辦的根由看,只有累積功德百年以後,才能時興起來。我們不能違心替您辦這事。您還是走吧,不要玷辱了我們!」叔孫通笑道:「你們真是鄙陋的儒生啊,一點也不懂時世的變化。」

　　朱買臣家裡窮,常砍柴賣錢謀生,挑著柴擔,仍誦書不絕於口,買臣的老婆一開始還跟著他,後來面子上實在掛不住,請求離他而去。朱買臣說,我命中注定五十歲發達,還有幾年了,妳再忍忍吧。妻子不願意,堅決離婚改嫁。離婚後,看見落魄的朱買臣,還送了他一頓飯。後來朱買臣終於發跡,把他的前妻與她的後夫載在車中,招搖過市。朱妻受不了這種羞辱,自殺了。眾人都指責她嫌貧愛富,而她只不過想找個老公好好地賺錢養家,過安穩的生活罷了。

　　王莽雄心勃勃,一心想用禮樂文化來改造世界,建立終極

王道樂土。在集體性的狂熱膜拜與謳歌熱潮中，王莽加九錫，一步步踏上了權力的巔峰。萬邦臣服，四海晏平，先有越裳氏重譯獻上白雉，又有黃支自三萬里外進貢犀牛。王莽就這樣在嘉瑞中被推上偉大統帥的位置。可惜的是，他的理想主義成為他致命的弱點，導致身死國滅，被無數後人非議。

劉邦被項羽打得大敗，在逃跑的路上遇到漢惠帝和魯元公主，夏侯嬰就把他們帶上一同逃命。眼看著楚騎就要追上來了，劉邦嫌人多車速太慢，把心一橫，將兒女踹下車。司機夏侯嬰衷心護主，下車一手一個救起，劉邦又踹，夏侯嬰又救。劉邦很生氣，多次想殺夏侯嬰，但最終還是逃了出來，把孝惠帝、魯元公主送到了豐邑。

朱買臣發達後，故意穿著舊衣服，懷揣著太守的印和綬，步行去郡邸。會稽郡的官吏正聚在一起飲酒，沒人理他。朱買臣走進內房，與門房一道吃飯。快吃飽時，他故意露出綬帶一角。門房覺得不對勁，上前一拉那綬帶，官印掉了出來。一看是會稽太守的印章，門房趕緊告訴了喝酒的官吏。官吏不信，門房說你自己看。那些過去瞧不起朱買臣的人進來一看，趕緊往外跑，大聲道：的確如此！眾人大驚，相互推擁著排隊到中庭拜謁朱買臣。

漢景帝時，吳楚七國起兵反叛漢朝中央朝廷，長安城中的列侯封君要從軍出征，因為沒錢，只能借高利貸。高利貸業者認為列侯封君的食邑都國均在關東，而關東戰事勝負尚未決定，

第六章　世間萬象

時局尚不明朗，所以沒有人肯把錢貸給他們。這時，無鹽氏站了出來，拿出千金放貸給他們，利息為本錢的十倍。三個月後，吳楚齊國之亂被平定。一年之中，無鹽氏得到十倍於本金的利息，與關中富豪相匹敵。

宣曲的任氏也是一方富豪，他的祖上擔任過督道倉守吏。秦朝將要覆沒時，許多有錢人都在儲存金玉，以為這些東西最保險，只有宣曲一個姓任的官吏卻在悄悄儲存糧食。後來秦朝滅亡，劉邦和項羽在滎陽一帶打起了拉鋸戰，耗時數月，當地百姓根本無法耕種，結果導致糧食短缺，糧價飛漲，每石米的售價達到一萬錢，那些累積了大量金銀財寶的人為了活命，也不得不高價買糧。任氏由此發家致富。

《史記》中說：種田是繁重的行業，而秦楊卻靠它成為一州首富。盜墓本是犯法的勾當，而田叔卻靠它起家。行走叫賣是卑賤的行業，而雍樂成卻靠它發財。販賣油脂是恥辱的行業，而雍伯靠它賺到了千金。賣水漿本是小本生意，而張氏靠它賺了大錢。磨刀本是小手藝，而郅氏靠它致富。賣羊肚本是微不足道的事，而濁氏靠它富至車馬成行。替馬治病是淺薄的小術，而張里靠它富到擊鐘佐食。成功的人往往是從細小不足道的薄利行業入手，憑藉始終如一的精神而獲得巨大的成功的。

司馬遷在《史記》中說，普通老百姓，誰財力大，誰就占上風。你的財富比我多出十倍，我就會覺得比你低了。多出百倍，我看到你就害怕了。多出千倍，你就可以差遣我了。多出萬倍，

我當你的奴僕都行,這是常理。要想發家致富,從貧窮轉為富有,務農不如做工,做工不如經商,刺繡織綿不如倚門賣笑。做這些行業,當然不是最佳選擇,但沒有辦法,貧者只能以此來謀生。

孔僅是資財累千金的大冶鐵商,東郭咸陽是資產累千金的大鹽商。這二人對於鹽鐵生產有豐富的經驗,又在興功利上有所建議,得到武帝賞識,被委以主管全國鹽鐵的重任。不料孔僅、東郭咸陽在建立鹽鐵管理機構時,安插一些經營鹽鐵的商人擔任各地鹽官、鐵官。許多鹽鐵私商搖身變成了政府官員,不僅產品品質低劣,還任意抬高價格,影響了鹽鐵的生產和銷售。孔僅、東郭咸陽因此被罷官。

漢哀帝年間,成都的羅裒累積資財達數萬錢。起初,羅裒在京城做生意,隨身攜帶有幾十萬錢,後來達到一百萬,替平陵人石氏掌財。石氏的資財僅次於如氏、苴氏,對於他親近信任之人,他會拿出很多資財送給他們,讓他們往來於巴、蜀做生意,幾年間達到一千多萬。羅裒很有投資的頭腦,他拿出一半的錢財送給曲陽侯、定陵侯,依靠他們的權勢,借錢給郡國,無人敢不還。

孫程是東漢宦官。北鄉侯劉懿去世後,閻顯想另立他人,孫程與王康等十八人聚會計謀,擁立濟陰王稱帝(即漢順帝),因誅滅外戚閻顯有功,封浮陽侯,加官騎都尉,官至奉車都尉。永建元年,孫程等人在朝驕橫,「呵叱左右」,被漢順帝罷了官,

第六章　世間萬象

並遣十九侯離開京城，後徙封他為宜城侯。幾年後，漢順帝念及孫程等功勛，將他們召回京師，仍拜孫程為騎都尉。

更始帝敗於赤眉軍，趙憙被赤眉兵圍困，形勢急迫，爬上房子逃出牆外，與友人韓仲伯等數十人帶著家小逃難，直出武關。韓仲伯因老婆太漂亮，擔心路上有人強暴她，帶給自己麻煩，就想將她丟在路上。趙憙苦勸譴責不聽，於是就抹了一把泥土塗在友人老婆的臉上，將她放在手推車上親自推著走，遇到亂兵盤查就說是生了惡病，才使她免於受難，從而成功地一路安全護送走過。

馮貴人是東漢恆帝劉志的寵妃，容貌豔麗，恆帝痴迷美色，視馮貴人為天下絕色。恆帝的後宮中美女如雲，多達 6,000 人，唯有馮貴人在這眾多佳麗中獨占花魁，集萬千寵愛於一身。不料紅顏薄命，正值妙齡的馮貴人不幸病故。大約 70 年後，漢靈帝劉宏繼位執政，天下紛爭四起，一批盜賊趁亂盜掘了馮貴人墓，打開棺木後發現馮貴人美豔如生，手有餘溫。一眾強盜色心大起，輪姦了馮貴人屍。

劉肥是漢惠帝劉盈的哥哥。一次，劉肥入京朝見皇帝，與惠帝飲宴，惠帝依家人禮，不稱「齊王」而稱呼大哥。呂后很生氣，讓人賜鴆酒給劉肥。不料惠帝也拿起了一杯，要向大哥敬酒，呂后慌忙把惠帝的酒杯打翻。劉肥立時會意，假裝酒醉告辭。回去後，劉肥聽說酒中有毒，知道呂后對自己已有殺心，於是把城陽郡獻出，作為魯元公主的封地；並且稱魯元公主為

齊王太后,也就是說他將妹妹認作了母親,這才得以安然辭朝歸國。

漢成帝即位後,一日之間就封了五個舅舅為侯,分別為:王譚平阿侯、王商成都侯、王立紅陽侯、王根曲陽侯、王逢時高平侯。這五侯窮奢極欲、起造府第,老百姓對他們極為不滿,就作歌諷刺道:「五侯初起,曲陽最怒。壞決高都,連竟外杜。土山漸臺西白虎」。

甄邵有個朋友因得罪了梁冀而無處藏身,來投奔他。甄邵假裝收留,轉身就向梁冀報告。梁冀捕殺了這位朋友。甄邵因此而被選為郡守,適逢母親死了,甄邵怕歸喪期間失封丟職,便埋母屍於馬圈,先受封再發喪。甄邵至洛陽,被李燮碰到,李燮讓人先投甄邵之車於溝中,再亂棍抽打他,最後在他背上貼一塊白綢子,寫上「諂貴賣友,貪官埋母」八個大字,又具表狀,上奏皇帝,甄邵便終身不能出仕。

劉邦伐韓信經過趙國,趙王將趙姬獻給了劉邦,一番巫山雲雨之後趙姬有了身孕。後來張敖叛亂,趙姬受牽連被捕,她在生下劉長後憤而自殺。由於有了這樣的出身,劉長從小便養成了不太正常的個性,平素為人傲慢,驕橫無比。他因怨恨審食其當初沒有替生母趙姬辯白,用袖中藏著的一把鐵錐,親手將審食其殺死。後來劉長謀反敗露,被發配蜀郡的邛萊山,途中絕食而死。

第六章　世間萬象

　　陳萬年，漢宣帝時任御史大夫。他好結交權勢，對皇后的家人更是卑躬屈膝。一次生病請假，陳萬年將兒子叫到床前訓話，講到半夜，陳咸打瞌睡，頭碰到了屏風。陳萬年很生氣，要拿棍子來打他，訓斥道：「我今天這樣教導你，你倒睡起覺來，把我的話當耳邊風！」陳咸說：「我都聽見了，總之不過是叫我拍馬屁討好人家。」陳萬年默然無語。

　　鄭朋是會稽人。元帝時，朝中形成了兩大幫派：蕭望之、周堪一派；石顯、史高一派。鄭朋一開始投在了蕭望之的門下，上書揭發史高等人的過失，並當面吹捧蕭望之，說蕭望之如果興周、召之業，他願追隨效力。但是蕭望之覺得他人品不好，疏遠了他。鄭朋為此怨恨，倒向石黨的陣營。把揭發史高的責任推給周堪等人，說：「都是周堪、劉向教我這麼做的。」把責任推了個一乾二淨。

　　武帝突發奇想決定製造白鹿皮幣，詢問大臣們的意見。農業部部長顏異公開表示反對。武帝很不高興，善察政治風向的張湯與顏異有舊怨，便藉口顏異曾在下屬批評朝政時無語，只動了下嘴皮，告其「腹誹」，應判處死刑。武帝批准，顏異即被處死。這就是轟動一時的「腹誹案」。以猜度主觀判定政治犯，這種專制先例比南宋岳飛「莫須有」、明于謙「意欲罪」早了上千年。

　　劉邦稱帝後，田橫不肯稱臣於漢，率徒眾500餘人逃亡海上，避居島中。劉邦知田橫兄弟治齊多年，在齊地有著較大的潛

在勢力,為除後患詔令赦田橫罪而行招撫。在使者的催促下,田橫被迫偕門客二人赴洛陽,他知道此去凶多吉少,在途中謊稱沐浴更衣之時自殺,兩門客將田橫的頭顱送到洛陽後也相繼自殺。留居海島的 500 餘壯士聞田橫死訊,亦全部自殺。這個海島後來就叫做田橫島。

漢文帝時,有一位叫淳于意的人,學得一手高超的醫術。因為個性剛直,行醫的時候,得罪了一位有權勢的人,導致後來自己遭陷害,被押往京城治罪。他感慨道:「生女兒不生兒子,危急時沒有可以幫忙的人。」小女兒緹縈堅持隨父進京、並上書朝廷,申述父親無罪,並願意捨身做官府中的女僕,以換取父親的自由。漢文帝被緹縈的孝心深深感動,赦免了她的父親,同時也廢除了肉刑法。這就是後來二十四孝中的上書救父。

漢朝的時候,有一個叫黃香的孩子,是江夏人。年紀剛剛九歲,就知道孝順長輩的道理。每當炎炎夏日到來的時候,就為父母的帳子搧扇子,讓枕頭和蓆子更清涼爽快,把吸人血的小蟲搧開,讓父母睡得更好;到了寒冷的冬天,先用自己的身體讓父母的被子變得溫暖,以便讓父母睡得更好。黃香的事蹟流傳到京城後,被人稱為「天下無雙,江夏黃香」。

董黯自幼喪父,砍柴為生,與母親黃氏相依為命,侍母甚孝。母疾,思飲故里之水,董黯竟然每次來回二十餘華里到大隱溪上游永昌潭擔水奉母。有個鄰居叫王寄,富而不孝。一次,王寄的母親見了黃氏說:「我家境比妳好,身體卻不如妳,為什

第六章　世間萬象

麼？」黃氏說那是因為我兒子孝順。王寄聽到後嫉恨董母，趁董黯外出時去董家辱罵毆打董母，董母因病去世。董黯想報仇，念及王母年老，便枕戈不言。幾年後王母病逝，董黯斬下王寄之首後去自首。和帝聞其孝心，寬宥其擅殺之罪。

東漢時有個人叫趙諮，素有孝行。有一次家中遇上強盜搶劫，趙諮為了避免驚嚇了母親，親自把強盜迎接進門，讓強盜飽餐一頓後說：「老母八十，疾病須養，家中貧困，無隔夜之糧，你們留給我一點口糧養活母親，其他的老婆孩子衣服東西什麼的，你們隨便拿。」強盜一聽，不由得慚愧萬分：「我們太無理了，真不該侵擾賢良。」說完就出門跑了。趙諮出門追趕，邊跑邊喊：別走別走，我給你們糧食啊！結果因強盜跑得太快，趙諮沒有追上。

蔡順，少年喪父，事母甚孝。一次他外出打柴，家裡來了客人找他，蔡母左等右盼不見他回來，就咬自己的手指頭。母子連心，蔡順心有所感，立即丟掉柴禾跑回家。當時正值王莽之亂，又遇饑荒，蔡順只得拾桑葚母子充飢。一天，偶遇赤眉軍，赤眉軍士兵問他：為什麼把紅色的桑葚和黑色的桑葚分開裝在兩個簍子裡？蔡順回答說：「黑的我要給母親吃，紅的我自己吃。」黑的是熟透了的桑葚，自然更甜更好吃。赤眉軍憐憫他的孝心，送給他二斗白米，牛蹄一個，以示敬意。

鮑永對待繼母十分孝順。一天，鮑永的妻子在繼母面前喝

斥驅逐狗,鮑永見了,責備她說:「禮沒有教人不恭敬的。賓客在面前,尚且不喝斥狗,如今妳竟然在母親面前喝斥狗,太不恭敬了。可見妳心中並沒有尊長。妳既然輕視我的母親,就不是我的妻子了。」竟然把她休棄了。妻子哭著謝罪,請求給她一個改過自新的機會,鮑永始終沒有答應,被時人稱頌。這種離婚的理由也太胡扯,放到現代,早被人一腳踹飛了。

石建在外頭是朝中大員,在家時卻是個標準的孝子。鬢髮斑白時,他父親石奮仍然健在。石建每隔五天就要回一次家看望老父親,進家門的頭一件事便是悄悄向家中僕從們詢問父親的身體情況,然後要過父親貼身穿的內衣內褲親自去搓洗,洗好晾乾再悄悄交給下人,從不讓老父知道這件事,每回都這樣。父親石奮去世,石建傷心痛哭到要暈厥過去,無法站立,只好拄著枴杖才能走路。

朱穆是東漢南陽郡宛人,丞相朱暉之孫。朱穆五歲時便有孝順之名。父母有病,朱穆就常不飲食,病稍癒才恢復正常。朱穆壯年時很好學,在講誦方面多下功夫,有時想問題專心時,衣冠丟失了自己還不知道,在坑窪處和河岸邊經常跌倒。他的父親認為他太笨,連馬有幾條腿都搞不清楚,朱穆卻更加精心鑽研學問。同郡趙康叔盛隱居武當山,以經傳教授門徒。年已五十的朱穆奉書稱弟子,等到趙康死後,朱穆喪之如老師。朱穆這種尊師重道的行為,為時人所佩服。

第六章　世間萬象

第七章
逐鹿四方

　　垓下之戰，項羽被七十萬漢軍聯兵包圍。楚軍兵力稀少，食物短缺。悽清的寒夜，忽然飄來楚地歌謠，楚軍人人思歸。項羽走出帳篷，大驚：「漢軍已經攻占了楚地嗎？為什麼會有這麼多的楚人？」軍帳內，項羽拔劍在手，慷慨而歌：「力拔山兮氣蓋世，時不利兮騅不逝，騅不逝兮可奈何，虞兮虞兮奈若何？」項羽舞劍而歌，美人虞姬和之：「漢兵已略地，四方楚歌聲。大王意氣盡，賤妾何聊生？」面對這無力改變的結局，項羽淚如雨下。

　　韓信一開始去投項羽，但不被其重視，又去投劉邦，又被其忽視，決意逃跑，被蕭何追回，後登壇拜將，登上人生的高峰。垓下會戰，韓信及彭越會合劉邦，以四面楚歌之計大破楚軍，逼得項羽突圍後自刎而亡。韓信的一生可用一副對聯概括：生死一知己，存亡兩婦人。知己是指蕭何，韓信後來登壇拜將，靠的是蕭何的舉薦。韓信年輕時窮困潦倒差點餓死，一位漂母經常接濟他。韓信謀反被捕後，被呂后所殺，存亡都在兩個婦人手中。

第七章　逐鹿四方

　　漢元帝時，郅支單于殺害了漢朝護送郅支質子回國的衛司馬谷吉等人，遠遁康居跟漢朝叫板。8年後，陳湯被任為西域都護府副校尉，與西域都護甘延壽一起出使西域。為了維護漢朝的邊境安全，陳湯矯詔出兵，集結四萬漢胡大軍分六路縱隊向康居挺進。單于城下，雙方展開激烈對射，郅支單于被一箭正中鼻子，受創甚巨，聯軍縱火焚燒，單于城一天一夜即告失陷。事後，陳湯給漢元帝的疏奏中有這麼一句話：「明犯強漢者，雖遠必誅！」其辭蕩氣迴腸，千古流芳。

　　漢武帝時，大將軍衛青的外甥霍去病用兵靈活，注重方略，不拘古法，勇猛果斷，善於長途奔襲，每戰皆勝，深得武帝信任，18歲即因軍功受封冠軍侯，與衛青被稱為帝國雙璧。漢武帝為他建造府第，但霍去病卻說：「匈奴未滅，何以家為？」元狩六年，年僅24歲的霍去病猝然去世。武帝十分痛惜，在自己將來的陵墓茂陵旁邊為他修建了一座狀如祁連山的墳墓，以彰顯他力克匈奴的奇功。

　　攣鞮是匈奴第一任單于，他制定了匈奴部落制度，發展了匈奴的軍事力量。匈奴最高統治者稱為「撐犁孤塗單于」，並以其名為國號。單于姓攣鞮氏，單于是匈奴人對他們部落聯盟的首領的專稱，意為廣大之貌。匈奴把天稱為「撐犁」，把兒子稱為「孤塗」把賢者稱為「屠耆」，所以匈奴常以太子為左屠耆王。他們的制度是：置左右賢王，左右谷蠡，左右大將，左右大都尉，左右大當戶，左右骨都侯。單于的傳位方式可以是父傳

子，兄傳弟。當兄長死後，弟繼承單于之位，便能擁有兄長所有的財產及家眷。

衛青是平陽侯府中奴僕衛媼與平陽縣吏鄭季的私生子，幼年被送至生父家寄養，但在家中備受歧視。稍大一點後，不願再受鄭家的奴役，回到母親身邊，並作了平陽公主的騎奴。有一次，衛青跟隨別人來到甘泉宮，一位囚徒看到他的相貌後說：「這是貴人的面相啊，官至封侯。」衛青笑道：「我身為人奴之子，只求免遭笞罵，已是萬幸，哪裡談得上立功封侯呢？」後來衛青被漢武帝賞識，多次出擊匈奴，被封為長平侯。

李廣有一次帶騎兵百人前去追趕三個匈奴人，不巧碰見幾千名匈奴騎兵。匈奴人看到李廣，以為是誘敵之騎兵，大驚，跑上山去擺好了陣勢。李廣的百名騎兵大為驚恐，回馬就想逃跑。李廣說：匈奴不敢來攻是因為他們以為我們是來誘敵的，大軍在後面，我們一跑就會露餡，回去的路太遠，被他們追上就完蛋了。眾人均覺有理，李廣把隊伍前移數里，全體下馬解鞍，還射死了一名匈奴將領，又回到自己的騎兵隊裡，讓士兵們解下馬鞍，隨便躺臥。匈奴人更加堅信不疑了：這肯定有詐！當夜就領兵撤離了。第二天李廣帶人安然回到軍營。

地皇三年四月，王莽派遣太師王匡、更始將軍廉丹帶十餘萬大軍出征，準備剿滅起義軍。王莽親自送出都門，對他們寄予了很大期望。可是這支部隊卻軍機混亂，所過之處胡作非為，鬧得地方雞犬不寧。當時關東民謠說：「寧逢赤眉，不逢太師！

第七章　逐鹿四方

太師尚可，更始殺我！」百姓對政府軍隊如此失望，可以想見這支軍隊的命運。不久，官軍與赤眉軍在成昌大戰，廉丹戰死，王匡脫逃。

西漢末年，地方起義，鮑永參加了起義軍。劉玄敗死於長安時，鮑永尚在河東，尚不知消息。劉秀在洛陽即皇帝位，派人招他。鮑永唯恐受騙而背叛劉玄，先將劉秀的使者囚禁起來，而後派人去長安打探消息，確知劉玄已死後，解散了他的軍隊，只穿便服去投劉秀。劉秀問他的人馬哪裡去了，他回答說：「我不願意以人多勢眾來為自己謀求富貴，都把他們解散了。」劉秀不信：「你說大話。」讓鮑永去勸降懷縣。鮑永到後，說服更始河內太守，開城而降。劉秀大喜。

馬援有一次打勝仗回來，親朋好友都來迎接。有個叫孟冀的平陵人也在其中。一片奉承之詞中，馬援對他說：「你有什麼建議就提，為何也像眾人那樣吹捧我呢？當初伏波將軍路博德開拓疆土，增設七郡，也不過食邑數百戶，我功勞不大卻食邑三千戶，何以能長久呢？先生有什麼好建議就說吧！」孟冀說我還沒想到。馬援說：「現在匈奴、烏桓還在北部侵擾，我想請求去討伐。男兒當死於邊野，馬革裹屍而葬，哪能睡在床上守著妻子兒女呢？」孟冀感慨道：「這才是真正的勇士啊！」

李廣隨大將軍衛青出征匈奴，衛青讓李廣和右將軍的隊伍合併，從東路出擊。不料李廣在途中迷了路，影響了戰局。衛青派長史急切責令李廣幕府的人員前去受審對質，李廣不願連累

校尉們,更不願受那些刀筆吏的侮辱,於是就拔刀自刎了。

宣帝時,羌人反叛。宣帝讓邴吉問群臣:誰能出征?76歲高齡的趙充國挺身回答:沒有比老臣我更合適的人了。宣帝問:你有多大把握?趙充國說我得去了才知道。趙充國到了金城,結集了一萬騎兵,在夜間悄悄地渡過河去,一到對岸,立即紮好營盤,然後大部隊才過河。羌人一聽說趙充國來了,就互相埋怨說:叫你們不要造反,你們不聽。你看,現在趙將軍來了,怎麼辦?趙充國採用分化瓦解的方法,妥善地平定了羌人的叛亂,將戰爭的損失降到了最低。

漢朝時,張騫由匈奴人堂邑父做嚮導,率領100多人,奉命出使西域,尋找大月氏國。匈奴單于知道了張騫西行的目的之後,將張騫在中途拘捕。為了讓張騫斷絕出使西域的念想,單于將一位匈奴女許配給他,張騫娶妻生子,被留置十餘年,後來成功出逃。匈奴單于惱羞成怒,遷怒於匈奴女,對她實施了鞭刑、斷臂等酷刑。

霍去病18歲跟隨衛青出征匈奴,第一次出征,霍去病只率八百輕騎橫穿匈奴腹地數百里突襲匈奴,一舉斬了2,028枚首級,被封為冠軍侯。20歲的這一年,霍去病在河西走廊轉戰五個匈奴的屬國,大勝,繳獲了休屠王的祭天金人。第三次出征,霍去病直抵祁連山,徹底清除了河西走廊的匈奴勢力。匈奴人哀嘆:「亡我祁連山,使我六畜不蕃息;失我燕支山,使我婦女無顏色。」

第七章　逐鹿四方

衛青是漢武帝時期抗擊匈奴的名將，首次出征奇襲匈奴人祭掃祖先的地方——龍城，殺敵七百後得勝而回，打破了自漢初以來匈奴不敗的神話。衛青的一生共七次率兵出擊匈奴，七戰七勝，使匈奴元氣大傷，逐漸向西北遷徙，出現了「漠南無王庭」的局面。更難得的是他治軍嚴明，能與士卒同甘共苦，作戰驍勇，深受將士愛戴。雖位極人臣，衛青卻從不養士，以免武帝的猜忌。淮南王劉安對衛青頗為忌憚，以至於他謀反時計畫的第一步就是要刺殺衛青。

程不識是漢武帝時和李廣齊名的抗匈名將，但兩個人治軍的風格迥異。李廣不重紀律，行軍布陣散漫自由，擴張性與活動性強，最能激發士兵的鬥志。程不識是位循規蹈矩之人，行軍作戰時步步為營，他的軍隊出戰時，陣營嚴謹，互相呼應照管，安營紮寨很有章法。行動起來，全軍一起行動；紮下營來，敵人衝不動。他從未讓匈奴人得逞，但他自己也沒有取得過重大的勝利。

鄧奉，南陽新野人。光武帝劉秀的二姐夫鄧晨的親姪子，東漢開國名臣鄧禹之族弟，文武出眾。劉秀兄弟率兵起義時，鄧奉隨叔父鄧晨率族人門客起兵投劉縯劉秀。昆陽之戰，劉秀大敗王莽軍隊，鄧奉手刃令人聞風喪膽的身長一丈的新軍壘尉巨無霸。劉秀手下的大將吳漢帶兵不嚴，縱容部下掠奪鄉民，鄧奉憤而起兵，擊敗吳漢軍隊，後來劉秀御駕親征時投降，但還是被劉秀殺害。

馮異，東漢開國名將，「雲臺二十八將」之一。馮異素好讀書，精通《左氏春秋》、《孫子兵法》。他作戰勇敢，常為先驅，善用謀略，平赤眉、定關中，在劉秀統一天下的過程中，任征西大將軍，為劉秀平定關中立有大功。馮異為人謙退，從不居功自傲。光武帝劉秀手下將領有時常在一起互相爭功，唯有馮異常常躲在大樹下，一言不發，並不參與爭功，得到了「大樹將軍」的美名。

　　東漢時，竇融之曾孫竇憲被拜為車騎將軍，聯合南匈奴、烏桓、羌胡兵三萬餘眾三次出征，入瀚海沙漠三千里，大破北匈奴於稽落山和金微山，迫使北匈奴西遷，將北單于打得奔逃，不知所蹤。隨後，竇憲在燕然山刻石記功而威震天下，其功勳與衛青、霍去病相比更為出色。他不知道，這支西遷的北匈奴後來跑到了歐洲，將西方世界攪得天翻地覆，直接導致了羅馬帝國的土崩瓦解。這真是應了那個蝴蝶效應：巴西的蝴蝶拍拍翅膀，引起德克薩斯州的一場龍捲風。

　　漢武帝要殺自己的乳母，乳母向東方朔求救。東方朔說：「皇帝心狠固執，別人去勸阻他，只能死得更快。妳在臨死的時候，要頻頻回頭看皇帝，我想辦法救妳。」乳母告別武帝，將要去就刑時，按東方朔吩咐的那樣，頻頻回頭，東方朔站在漢武帝身邊大聲地說：「妳快點去死吧！現在皇帝已長大了，哪還記得妳哺育時的恩情呢？」武帝一聽這話，倒像是在罵自己一樣。想想也是，她畢竟把自己餵養大了啊！現在怎麼好把她處

第七章　逐鹿四方

死呢？於是下令赦免了乳母。

馬援的祖先是戰國時趙國名將趙奢。王莽末年，天下紛爭四起，馬援初為隴右軍閥隗囂的屬下，後來投靠了劉秀，一生東征西討，擊隗囂、破羌人、征交趾，為東漢王朝的建立和鞏固立下了赫赫戰功。武陵五溪「蠻」搶掠郡縣，62歲的馬授請求上陣，劉秀擔心他年事已高，不許。馬援說：「臣尚能被甲上馬。」並上馬試騎，劉秀這才同意讓他出征。馬援「馬革裹屍」和「老當益壯」的慷慨名言也成為後世的楷模。孫中山在給蔡鍔的輓聯中寫道：「平生慷慨班都護，萬里間關馬伏波」。

文帝時，匈奴犯邊。文帝為鼓舞士氣，巡視勞軍。從霸上到棘門，將士們列隊恭迎，皇家車隊暢行無阻。到細柳營時，卻見轅門緊閉不開，守兵拒絕開門：我等不認得天子，只認得天子的符節。劉恆差人持符節，周亞夫這才打開營門，只以軍禮參見，請天子巡視軍隊。在別人看來，這是對皇帝的大不敬，但劉恆卻很高興：這才是真正的將軍啊！霸上和棘門的將士簡直是在玩兒戲，若匈奴突襲，只怕連主將也要被俘虜了。周亞夫治軍嚴謹，無懈可擊，即使是匈奴騎兵前來，又能奈何？

伏波將軍是古代對將軍個人能力的一種封號，意為降伏波濤。西漢時的路博德是第一位出任伏波將軍的人，路博德曾跟隨霍去病北征匈奴，立下戰功，被封為邳離侯。幾年後，南越王相呂嘉發動叛亂，殺害南越王和漢朝使節，武帝任命路博德為伏波將軍，楊僕為樓船將軍，率船隊十萬人會師番禺，平定

了南越。路博德率軍攻下海南島。海南納入中國版圖，中國對海南的統治由此而始。

李廣外出打獵，看見草裡的一塊石頭，以為是老虎就向牠射去，射中了石頭，箭頭都射進去了，過去一看，原來是石頭。接著重新再射，始終不能再射進石頭了。李廣駐守過各郡，聽說有老虎，常常親自去射殺。到駐守右北平時，一次射虎，老虎跳起來傷了李廣，李廣也不示弱，一箭射死了老虎。

廣陵王劉胥，漢武帝的第四子。這哥兒們天生身強體壯，力氣很大，力能扛鼎（跟項羽有得一比），勇力過人，最喜歡的就是跟黑熊打架。但他為人粗魯，胡作非為，不守法律，因而不為漢武帝寵愛，也與皇位無緣。漢宣帝少年即位後，劉胥認為皇帝年少無子，便覬覦皇位，竟然請當地巫婆詛咒宣帝早死，還與楚王延壽私通書信，後事情敗露，劉胥知罪行嚴重，難逃制裁，索性擺開宴席，將兒子叫來，飲宴到黎明時上吊自殺。

西漢時，樓蘭國王去世，匈奴將充當人質的王子安歸放歸回國。安歸繼承王位後，親近匈奴，殺害漢朝派往西域的官員和使者。傅介子上書朝廷，自願出使大宛。他以賞賜為名，帶著大量金幣到樓蘭。樓蘭王貪圖漢朝財物，果然設宴招待。傅介子說：「天子讓我私下裡跟你談點事。」將樓蘭王引進帳篷中後，早已埋伏好的漢朝將士將樓蘭王刺死。傅介子帶了樓蘭王安歸的頭回朝廷報告，被漢朝封為義陽侯。

第七章 逐鹿四方

甘延壽出身名門，少年時就善騎射，被選拔到御林軍中。甘延壽力氣很大，投石塊、舉重物一般人都比不上他；輕功也很好，據說能踰越御林軍駐地的樓臺、閣亭。在與其他軍士徒手搏鬥時，沒有人能勝過他，後被提升為郎官。西漢皇帝看重他的武藝和氣力，不久便調升為遼東太守，後來因事被免官。後來朝廷派他出使西域，與陳湯共同誅滅了匈奴的郅支單于，被封為義成侯。

呂后專權，朝廷眾臣為了自保，對呂后阿諛奉承，唯獨劉章是個例外。一次宴會，劉章當酒官，說：臣是武將的後代，請允許我按軍法行酒令。呂后說可以。酒喝到一半，劉章又唱起了耕田歌：「深耕密種，留苗稀疏，不是同類，堅決鏟鋤。」呂后聽後默然不語。呂氏族人中有一人喝醉離席，劉章追過去，拔劍把他斬殺了，回來稟報：有一個人逃離酒席，臣按軍法把他斬了。呂后因有言在先，不好治他的罪，只好作罷。從此，諸呂忌憚劉章。

元朔六年，漢武帝籌劃了一場大規模的對匈反擊戰，大將軍衛青從定襄出擊匈奴。霍去病跟隨舅舅衛青出征，被任命為票姚校尉。第一次出征，十八歲的票姚校尉霍去病帶著八百名勇士，孤軍深入，橫穿匈奴腹地數百里突襲匈奴，一路上窮追猛打，一舉斬了 2,028 枚首級，被封為冠軍侯。一位年方十八的少年從此成為稱雄大漠的匈奴的剋星。

班超出使西域，到了鄯善國。國王起初對他們非常恭敬，

不久變得怠慢起來。班超猜測北匈奴有使者到來，找來一個服侍漢使的鄯善人，出其不意地問他：「匈奴使來了幾天了？住在哪裡？」侍者害怕，全部招了。班超當晚召集一起出使的三十六人，幾杯酒下肚，班超對他們說明實情，鼓動大家除掉北匈奴使者。當夜，班超親自帶兵奔襲北匈奴使者的住地，在火攻的輔助下將北匈奴使者全部殺死。鄯善王眼見與北匈奴的仇怨已經結下，只好歸附漢朝。

　　李廣有一次去打仗，戰敗被擒。李廣受傷，匈奴兵把李廣放在兩匹馬中間的網兜裡裹著。李廣裝死，走了十多里，斜眼看到旁邊一個匈奴少年騎著一匹好馬，李廣突然一縱身跳上匈奴少年的馬，把少年推下去，奪了他的弓，打馬向南飛馳。匈奴追兵緊追不捨，李廣一邊逃一邊彎弓射殺追兵，才得以逃脫。回到京城，朝廷把李廣交給執法官吏。執法官一看，你小子損失傷亡那麼多，自己被活捉了還有臉回來？按律當斬！李廣只好用錢贖罪，削職為民。

　　新莽六年，天下大亂，匈奴犯邊，義軍四起，夙夜太守韓博向王莽推薦大將：有一位奇士自稱是山東蓬萊人，自稱巨無霸，身高有三米多高，腰圍有十圍，一般的馬車拉不動他，一般的門他鑽不過去，吃飯用鐵筷子，睡覺要枕大鼓，且能驅使虎豹。希望陛下能用高大的車子，虎豹之皮做的衣服，一百人的儀仗隊來迎接他。王莽任命他為警衛壘壁的武官，出戰時驅逐虎、豹、犀、象等各種猛獸奔跑在陣前，以助軍威。自秦、

第七章　逐鹿四方

漢以來出師的盛況，從沒有像這樣威武的。

漢朝建立後，來自北方的匈奴對漢帝國邊境不斷地騷擾，搞得劉邦心煩意亂，唯一的一次御駕親征還被匈奴圍困。劉邦找來婁敬問計，婁敬說這好辦，陛下把魯元公主嫁給冒頓，冒頓勢必會將其立為皇后，以後生下兒子，也必為匈奴國太子。兩家都成親家了還怎麼會跟您作對呢？劉邦一聽大喜，去找呂后商量，呂后心裡那個氣啊，但為了女兒，日夜哭泣與哀求劉邦。劉邦只好找了個民間女子假冒公主，用盛大的車隊送往匈奴。這是無奈的女色外交，冒牌的魯元公主開始了中國歷史上的和親時代。

匈奴冒頓單于乘劉邦之死，下書羞辱呂后，說：「妳沒了老公，我沒了老婆，我們都不快樂，不如我們倆在一起吧！」呂后很生氣，你小子想占我便宜！呂后本想好好教訓一下單于，後被季布勸住，壓住怒火，平心靜氣覆書說：「我已年老色衰，髮齒也脫落了，步行也不方便。」然後贈與車馬，婉言謝絕，終於化干戈為玉帛。匈奴自愧失禮，遣使向漢朝認錯。

西漢時，張騫出使西域開闢了以長安和洛陽為東起點，經甘肅、新疆，到中亞、西亞，並聯結地中海各國的陸上通道「絲綢之路」。中國的絲綢、瓷器源源不斷地運向中亞和歐洲，並且採購香料、染料運回中國。然而，很多人都不知道，在陸上絲綢之路之前，已有了海上絲綢之路，並且是古代海運交通的大動脈。兩漢時期，海路西達印度、波斯，南及東南亞諸國，北

通朝鮮、日本,並且與斯里蘭卡及羅馬帝國有過往來。

武帝想聯合大月氏共擊匈奴,張騫奉命出使西域,經匈奴,被俘。在匈奴10年餘,單于讓張騫娶妻生子,但張騫始終不忘出使西域的使命。後逃脫,抵達大月氏,但此時的大月氏已不想與匈奴打仗。張騫在歸途中又被匈奴所得,又被拘留一年多,後趁匈奴內亂逃回漢朝,此時已是13年後。武帝詳細地聽取了他對西域情況的彙報後,封他為博望侯。西元前119年,張騫再次出使西域,抵達烏孫,為開闢通商作出了重大貢獻。

西元前108年,漢武帝派兵入侵衛滿朝鮮,朝鮮亡。原地被漢朝分成四個郡,是為漢四郡。漢朝時與日本也有來往,東漢光武帝時期,日本倭奴國王就曾派使節來中國朝貢,漢賜一枚「漢倭奴國王」金印。西元107年,倭國遣使來漢獻上奴隸160人,願請見。漢安帝接受了倭王禮物後,也回贈了賞賜。這枚「漢倭奴國王」金印於1784年在日本博多灣志賀島上被發現,現珍藏於福岡市美術館,至今是日本的國寶。

秦末天下大亂,趙佗趁機在南越關起門來做了南越王。西漢建立,劉邦派大夫陸賈出使南越,勸趙佗歸漢。陸賈不辱使命,說服趙佗臣服於漢。到了呂后臨朝,雙方開始交惡。呂后派遣了大將隆慮侯和周灶前去攻打趙佗,但由於中原的士兵不適應南越一帶炎熱和潮溼的氣候,紛紛得病,連南嶺都沒有越過。趙佗得意洋洋,公開和漢朝對立。到了漢文帝時,陸賈又被派到南越去說服趙佗歸漢。也不知陸賈說了些什麼話,讓趙

第七章　逐鹿四方

佗又回心轉意，向漢朝稱臣。

漢武帝時，西域最遠的烏孫國使者來到長安，請求為烏孫王求娶漢家公主。武帝派了第三代楚王劉戊的孫女解憂公主遠嫁烏孫。解憂公主在烏孫生活了半個世紀，曾嫁予三任烏孫王。為了積極配合漢朝，鞏固漢室與烏孫的關係，她一直活躍在西域的政治舞臺上。年逾七十之時，解憂公主上書漢宣帝，陳述思鄉之苦，請求把自己的遺骨埋葬在故國。天子為之動容，派人接回了解憂。

西漢時的馮嫽，是中國歷史上第一位傑出的女外交家。武帝時，她隨解憂公主遠嫁和親到了烏孫國，嫁給烏孫右大將為妻。馮嫽多才多智，成為解憂公主的得力助手。宣帝初年，烏孫國內發生叛亂，馮嫽不顧危險，遊說烏就屠，出色地完成了任務，後來隨解憂公主回國。烏孫國內又不穩定，年逾花甲的馮嫽為了鞏固漢烏兩國的聯盟，又一次以漢朝使節的身分，不辭辛苦，踏上萬里西行的征程，將畢生精力貢獻給了外交事業。

王莽的外交政策很失敗。他當上皇帝後，將原本臣服於漢朝的匈奴、高句麗、西域諸國和西南夷等屬國統治者由原本的「王」降格為「侯」，又收回並損毀匈奴單于的印璽，改授予新匈奴單于之章；甚至將匈奴單于改為降奴服於，高句麗改名下句麗；各國一致表示抗議，拒絕臣服新朝，此後邊境戰爭不絕。要我說，不就是個名號嗎？給他們不就得了，又不要你一分錢。

武帝時期開闢了河西四郡，隔斷了羌人與匈奴聯繫。宣帝

即位後，光祿大夫義渠安國出使羌，向朝廷報告先零部落有渡湟水北上放牧的情況，卻遭到彈劾奉使失職。之後，先零部落與各個羌族部落酋長二百多人「解仇交質」，訂立盟約，打算共同侵擾漢朝地區。宣帝又派義渠安國繼續出使羌族。由於他懂策略，一到羌部就殺人立威，結果反而招致羌族怨恨，集體反叛。

匈奴握衍朐鞮單于生性暴戾，引起族內反叛而自殺，繼而內部發生內亂。漢朝廷內部有人提議說匈奴為害日久，應趁其亂舉兵滅之。蕭望之上書道：「趁火打劫，為人詬病，不是上策，唯有趁匈奴內亂以示友好，救濟匈奴來收買人心，其他臣服的國家就會感到漢朝是仁義大國，才不會有反念。」宣帝覺得蕭望之很有遠見，後調兵衛護呼韓邪單于，平定其內亂。呼韓邪單于繼位後，漢與匈奴40餘年無戰事。

漢武帝開發西南夷後，為尋找通往印度的路，派遣使者到達今雲南的滇國，再無法西進。逗留期間，滇王問漢使：「漢敦與我大？」漢使輾轉到達夜郎國，夜郎王也提出了同樣問題。「夜郎自大」後來成為家喻戶曉的成語。武帝在夜郎設郡縣，將夜郎劃入版圖。成帝時，夜郎與南方小國發生紛爭，不服從朝廷調解。漢朝郡守孤身入夜郎，果斷斬殺夜郎末代國王，機智地平定了其臣屬及附屬部落的叛亂。從此，夜郎不見於史籍。

月氏，西北古代民族，亦稱「月支」、「大月氏」。漢初，月氏國勢力十分強大，連附近的匈奴都曾送人質於月氏。匈奴後來

第七章　逐鹿四方

強大後，舉兵攻月氏，月氏敗，開始向西遷徙並且一分為二。西遷至伊犁河流域的，被稱為大月氏。大月氏人南下到大夏，分為五個部落，最後建立起貴霜王朝；南遷至今日中國甘肅及青海一帶的，被稱為小月氏。這部分月氏人與匈奴本族融入，被稱為匈奴別部盧水胡。

西元前53年，羅馬帝國大軍入侵伊朗，遭伊朗軍隊圍殲，第一軍團首領、克拉蘇的長子普布利烏斯率領6,000餘眾拚死突圍，逃到了現今的哈薩克，之後就在歷史中消失得無影無蹤。這一問題困擾著無數中西方歷史學者。2,000年後，一位名叫德效謙的英國著名漢學家找到了答案：這支古羅馬的失蹤軍團來到甘肅，被西漢陳湯率領的漢軍擊敗並收降，在祁連山下落腳了。

西漢初年，燕人衛滿率領部屬來到箕子朝鮮，得到朝鮮王箕準的禮遇。箕準拜他為博士，封給西部方圓百里的地方。不料衛滿恩將仇報，待力量聚集雄厚之後，聯合箕子朝鮮的部分反對國君的勢力進攻國都王儉城，驅逐準王，自立為朝鮮王，歷史上稱其為「衛滿朝鮮」。西元前108年，衛滿朝鮮被漢朝所滅，漢武帝把衛滿朝鮮的國土分為四郡，分別為：樂浪郡、玄菟郡、真番郡、臨屯郡，合稱為「漢四郡」。

匈奴是古代蒙古大漠和草原上的游牧民族，其先祖是夏王朝的遺民，向西遷移的過程中融合了月氏、樓蘭、烏孫、呼揭及其旁二十六國的白種人。冒頓單于殺父繼位後，匈奴開始對

外擴張,在大敗東胡和月氏之後,吞併了樓煩、白羊部落,開始了與漢帝國長期的衝突和征戰。光武帝間,匈奴二分,一部南下附漢稱臣稱為南匈奴,留居漠北的稱為北匈奴。北匈奴由於蝗災和內部衝突,危機連連。東漢乘此時機,聯合南匈奴夾擊北匈奴。北單于被迫西遷,率殘部西逃烏孫與康居。

樓蘭,西域三十六國之一,與敦煌鄰接,國都在今新疆羅布泊西北岸。漢朝開通西域之路時,樓蘭是必經之路,樓蘭屢次替匈奴當耳目,通知匈奴派兵阻攔漢使。武帝派兵討樓蘭,俘獲樓蘭王。樓蘭兩頭都不敢得罪,只好分遣王子入質西漢與匈奴,兩面稱臣。後匈奴侍子安歸立為樓蘭王,親匈奴遠漢朝。後來,霍光派平樂監傅介子刺殺樓蘭王安歸,改立其親漢弟弟尉屠耆為王。西元4世紀之後,樓蘭國突然消聲匿跡,成為一個不解之謎。

大宛,古國名,國在匈奴西南,在漢朝正西面,離漢朝約一萬里。屬邑大小七十餘城,人口有幾十萬,有興盛的農業,種植稻或小麥,盛產葡萄、苜蓿,尤以汗血馬著名。相傳此馬抗疲勞,蹄堅硬,能日行千里,流出來的汗像血一樣,故命名為汗血馬。自張騫通西域後,與漢往來逐漸頻繁。西元前102年大宛降漢,大宛每年貢獻兩匹汗血馬給漢朝,之後服屬於漢朝西域都護府管轄。

大秦,古代中國史書對羅馬帝國的稱呼。大秦國又叫犁鞬,因為地處大海的西面,所以也叫海西國,西元前2世紀絲綢之

第七章　逐鹿四方

路上的終點站。西元 97 年，西域都護班超遣甘英使大秦，至條支，準備渡海時被人勸止。大秦範圍千里，有四百多座城市，城牆用石頭壘成，當地盛產香料。國王經常派人拿袋子跟著國王的車子，誰有事要說，就將文書放到袋子裡，國王回宮打開來看，審理他們的是非曲直。大秦國王不固定，選賢才擔任國王。那裡的人身材高大，長相端正，和中原人無異，所以稱為大秦。

　　于闐，地處塔里木盆地南沿，絲綢之路南道大國，以出美玉聞名。西漢時，王都設在西城，國王之下設左右將、左右騎君、東西城長、譯長等職官。張騫通西域，到漢宣帝時屬西域都護。西漢末，中原發生戰亂，于闐趁機擴張，稱雄南道。東漢初，于闐為莎車所吞併。漢明帝時，貴族廣德立為王，滅莎車，服從于闐。後來班超到達于闐，廣德殺匈奴使者降漢，班超以此為根據地，北攻姑墨，西破莎車、疏勒，于闐都出兵相助，後吞併精絕以西至疏勒的十三國。

　　車師，絲綢之路上的古國之一，國都在今新疆吐魯番西北。漢朝的勢力滲透到西域後，車師深感壓力巨大，投靠匈奴劫掠漢朝使節。武帝派趙破奴將軍和中郎將王恢率兵擊破車師，車師始降。車師東南通往敦煌，向南通往樓蘭、鄯善，向西通往焉耆，西北通往烏孫，東北通往匈奴，是西域的交通要道，漢與匈奴在這裡進行了長期激烈的爭奪，史稱「五爭車師」。

烏孫，西漢時由游牧民族在西域建立的行國，其首領稱為「昆莫」或「昆彌」。文帝時，月氏攻擊烏孫，烏孫大敗，昆莫被殺害。當時他的兒子獵驕靡剛剛誕生，由匈奴冒頓單于收養成人。後來獵驕靡與老上單于合力西擊月氏，把月氏從伊犁河流域趕走，並在此建立了烏孫國，都赤谷城，復興故國，一直依附匈奴。烏孫西遷以後，逐漸成為西域最強大的國家。為聯合烏孫，漢武帝曾先後以宗室女細君公主和解憂公主嫁給烏孫王。宣帝時分裂為二，南北朝時期，烏孫西遷蔥嶺以北，5世紀為柔然所滅。

扜彌，又作拘彌，西域古國，漢朝附屬於西域都護和西域長史。漢順帝永建四年（129年），扜彌國王興被于闐王放前所殺。順帝陽嘉元年（132年），敦煌太守擁立王族成國為扜彌王。漢靈帝時，于闐又破拘彌，殺拘彌王，拘彌國民死傷甚眾。為制止于闐王對拘彌的攻掠，東漢戊己校尉及西域長史均發兵前往拘彌，扶持拘彌王的兒子定興為新的拘彌王。三國曹魏時附屬於于闐，後被于闐吞併。

莎車，中國漢代西域都護府所轄諸國之一，絲綢之路大國。漢宣帝時，烏孫公主的兒子萬年為王。弟弟呼屠徵不服，殺萬年，暗中勾結西域諸國叛漢。後來馮奉世途經莎車，除掉了呼屠徵，立其兄為王。西漢末年，西域動亂，各國紛紛叛漢歸屬匈奴，只有莎車國堅持屬漢，並且在東漢初年抗擊匈奴，保護漢朝都護及其他官吏、家屬千餘口。光武帝因此封莎車王

第七章　逐鹿四方

康為漢莎車建功懷德王、西域大都尉，代漢管轄西域諸國。

武帝聽說西域大宛貳師城有汗血馬，派人去買馬，不料大宛不給面子，還殺了使者。武帝大怒，封李廣利為「貳師將軍」，帶兵攻貳師城搶汗血馬。但李廣利帶兵無方，士卒逃、死者十之六七，被迫撤兵，回到敦煌。武帝大怒，下令退入玉門關者立斬。李廣利只得率軍退回敦煌塞。不久之後，武帝替他補充兵力食物，再次進攻大宛。李廣利率大軍圍攻大宛城四十餘日，殺死大宛兵將無數。大宛貴族們斬了國王的頭投降，獻出3,000餘匹寶馬。

竇固和耿秉進攻車師。車師分成前後兩部，前車師王是後車師王的兒子，相隔五百里。竇固認為後車師山高路險，主張先打前車師；但耿秉認為只要打敗後車師，前車師會不戰而降。主帥竇固猶豫不決，耿秉率領本部兵馬直接開拔，大敗後車師，後車師王安得嚇壞了，準備向耿秉投降。竇固想搶功勞，派人送信給安得，讓他向自己投降。耿秉一看安得退回，大怒，率軍進攻，安得跑出城外，摘下帽子，抱著耿秉的馬腿投降。前車師王一看，老爸都投降了，自己也跟著投降了。

漢武帝派自己寵妃李夫人的哥哥、貳師將軍李廣利領兵討伐匈奴，另派李廣的孫子李陵負責為李廣利的主力運送輜重。李陵要求自出一軍，在側翼配合李廣利作戰，劉徹起初沒有答應他，但李陵說自己只要五千步兵就能取勝。武帝應允後，李陵率五千人出居延，孤軍深入浚稽山，與單于遭遇。匈奴以八

萬騎兵圍攻李陵，經過八晝夜的戰鬥，李陵斬殺匈奴一萬多人，但因沒有後援，不幸被俘。李陵長嘆一聲：我沒臉面去回報皇帝了！遂降匈奴。

劉邦派韓信、張耳率一萬人攻打趙國。李左車和陳餘集中20萬兵力於井陘口，準備與韓信決戰。李左車向陳餘建議說：「井陘之道窄，車不能並排，騎不得成列，行數百里，糧食必在其後。我率騎兵三萬人，抄小道截其糧食輜重，您深溝高壘，堅壁勿戰，漢軍前不能戰，退不能還，又無糧食，不出十天必敗。」陳餘不以為然，率軍禦敵。韓信採取背水列陣的方式，以兩千奇兵配合，大敗趙軍，斬殺陳餘，招降李左車，攻取趙國之地。

西元前166年，老上單于親自率領十四萬騎兵南下，發動了一場閃電式的奇襲。匈奴騎兵深入漢地數百里，前鋒離長安城僅有八十里的距離。長安震動，漢文帝劉恆緊急調集十萬人防守長安，又在上郡、北地和隴西駐紮重兵，以牽制匈奴的騎兵。隨後，劉恆又想來個御駕親征，但因薄太后反對而罷休。老上單于深諳心理戰的用兵之道，見漢軍有所準備，立即撤軍。

東漢時，金城、隴西的羌族造反，馬防率領三萬人出征羌族。邊防形勢緊急，羌族人在首領布橋的率領下正在圍攻臨洮，臨洮道路艱險，車騎不能並行，大軍一時不能到達。馬防派兩個司馬帶領數百名騎兵快速前進，在臨洮城外十里的地方安營紮寨，多樹旌旗鼓號，聲言明天一早和羌族決一死戰。羌族人

第七章　逐鹿四方

　　害怕了，認為漢軍大軍在即，不可抵擋。第二天漢軍鼓號喧天，列隊開進。羌族人登時崩潰，漢軍騎兵全力追殺，斬首四千多人，臨洮之圍得解。

　　匈奴發生內亂，五個單于爭奪王位，郅支單于公開跟漢朝叫板。陳湯出使西域，只帶著一支護衛軍隊。走出國境時，陳湯對甘延壽說：「郅支單于剽悍殘暴，稱雄西域，留著必是禍患。不如趁機除掉他們，建立不世之功。」甘延壽也同意，但表示要先請求朝廷。陳湯說朝中那群大臣都是凡庸之輩，一經他們討論，這事就沒戲唱了。甘延壽病倒，陳湯假傳聖旨，調動兵馬。甘延壽見無法阻止，索性決定放手一搏。兩人一起出奇兵，斬殺郅支單于。

　　趙國相國陳豨在代地反叛。劉邦說：「陳豨曾為我用，很講信用。代地是個重要的地方。所以才派陳豨以相國的身分守衛代地，如今他竟敢與王黃等勾結起來劫掠代地。但代地的官吏和民眾是無辜的，應該赦免。」劉邦親自率軍向東鎮壓叛亂。到了邯鄲，劉邦說：「陳豨不往南據守邯鄲而憑藉漳水來阻擊，我就知道他成不了大事。」聽說陳豨的將領以前都是商人，劉邦腦筋一轉，用大量的黃金去收買和引誘陳豨的將領，招降了陳豨的許多將領。

　　宣帝時，匈奴圍攻漢朝在車師的屯田部隊。宣帝與將軍趙充國商議，想趁匈奴衰弱一舉殲滅，使匈奴不再為患西域。魏

相上書道:「用兵向來是最下策,以暴制暴是不可取的辦法。現在匈奴也有和好的意向,如果派兵剿滅匈奴師出無名。況且國內矛盾重重,不如先解決國內矛盾再做打算。」宣帝聽從魏相建議,派兵前去迎接被圍困的將士,割讓了一部分車師國國土給匈奴以示友好。

東漢安帝永初二年,陰平、武都等地的羌人攻漢中,殺太守董炳;兩年後又來攻取漢中。太守鄭廑想出城迎戰,主簿段崇勸阻道:「羌人乘勝而來,鋒不可當,只可堅守,不可應戰。」鄭廑不從,出城應戰,戰敗身死。郡功曹程信聞變,冒死殯殮鄭廑。程信結豪族子弟二十五人,立誓報仇。幾年後,羌人又來攻,程信等人率領士拚死戰鬥,大敗羌人。程信全身八處受傷,二十五人皆戰死。此後,羌人再不敢來犯。

匈奴單于想跟漢朝和親,但左大且渠不想和親,出了個餿主意說:「以前漢使到匈奴來,漢兵就緊隨其後,現在我們也這樣試一次。」於是和呼盧訾王率兩萬人來攻擊漢朝,結果剛到邊境,有三人逃到漢朝投降,告知漢朝匈奴要來進犯,宣帝立刻命人戍守邊關,派五千騎兵出擊匈奴,匈奴陰謀敗露只能引歸。匈奴接連遭逢天災,牛羊病死不少,一些依附匈奴的部落紛紛反叛投降漢朝。

第七章 逐鹿四方

第八章
權柄智謀

　　呂雉位居皇后之後,積極幫助劉邦剷除異己,殺掉韓信彭越等朝中重臣。劉邦駕崩後,劉盈為帝,她積極扶植呂氏力量,把持朝政,打擊劉姓皇族及勢力。她是中國歷史上封建社會中第一個把持朝政的女性,也開了外戚專權的先河。呂后死後,呂氏家族被徹底夷滅,連呂后本人在逝世兩百年後都被赤眉軍姦屍,可謂是慘之極矣。

　　劉邦娶了定陶美人戚姬,對她非常寵愛,後生趙王如意,是為戚夫人。戚夫人想立趙王為太子,沒成功,卻招致呂后的嫉恨。劉邦去世後,呂后將戚夫人囚禁於永巷,剃了光頭,戴上鐵項圈,穿罪犯所穿的赭色囚衣,並讓她做舂米的工作以羞辱她。當時趙王如意在邯鄲,母子離散,戚夫人心中悲苦,邊做事邊唱道:「子為王,母為虜,終日舂薄幕,常與死為伍!相離三千里,當誰使告女?」

　　大將軍梁冀囂張跋扈,欺負漢質帝年幼,不把皇帝放在眼裡。質帝也對他看不慣。一次,質帝在朝堂上當著文武百官的面朝著梁冀說:「你真是個跋扈將軍!」梁冀聽了,氣得要命,

第八章　權柄智謀

又不敢當面發作。回頭一想,這孩子小小年紀就那麼厲害,長大了還了得,就暗暗把毒藥放在煎餅裡,送給質帝吃。質帝不知餅有毒,吃完後當即斷了氣。不過梁冀後來也沒好下場,被漢桓帝聯合太監誅滅三族。

宦官石顯為人外巧慧而內陰險。一次,他想結交外戚,有人說:馮皇妃的哥哥馮逡精明能幹。石顯於是讓元帝召見馮逡,但馮逡卻指出石顯專權自恣,要元帝注意提防。石顯知道後懷恨在心。御史大夫的職位出缺,滿朝官員都推舉馮逡的哥哥馮野王擔任,元帝徵求石顯意見,石顯說:野王為人正直,才能出眾,讓他當御史大夫再好不過了。只是他是馮皇妃的親哥哥,會不會有人說皇上任人唯親呢?元帝躊躇半晌,最終沒有任命馮野王當御史大夫。

景帝之子劉德經術通明,好學知禮,天下雄俊眾儒皆歸之。一次,劉德進京進獻典籍與雅樂,漢武帝問了他許多治國之策,劉德對答如流。武帝很生氣,說:「商湯以七十里,周文王以百里得天下,你再努力一下就快趕上他們了。」武帝之言無疑是當頭棒喝。劉德回國後,一改舊態,縱情聲色,四個月後逝世,享年不足五十。看來臣下沒本事成不了事,太有本事了也不是件好事,會讓上級不放心,還是難得糊塗的好。

惠帝死後,劉恭繼位。長大後,自知並非張皇后的兒子,就發牢騷說:「皇后怎麼能殺了我的生身之母而冒充我的母親!我成人之後,就要復仇!」太后得知,就把劉恭幽禁於後宮的永

巷中,宣稱劉恭患病,任何人不得見。太后告訴群臣說:「如今皇帝長期患病不癒,精神失常,不能繼承皇統治理天下了;應該另立皇帝。」群臣都頓首回答:「皇太后的旨意,是為天下百姓著想,對於安宗廟、保國家必定產生深遠影響;群臣頓首奉詔。」於是就廢掉劉恭,並暗中殺死。

漢武帝在位54年,共有13位丞相先後當政。武帝雄才大略,替他處理政務的丞相危險係數也很高,免職的免職,自殺的自殺,處死的處死,能得以善終的也寥寥無幾,丞相一職成了大家最害怕的官。比如,武帝當初任命公孫賀為丞相時,公孫賀當即就嚇得趴在地上向皇帝磕頭,說這差事我做不了。武帝說:你不當誰當?就你了。公孫賀沒能推掉這個職位,長嘆一聲說,我以後要倒楣了。果然,幾年後他就在巫蠱案中被殺滅族。

梁冀喜歡兔子,花了數年時間,大發徒卒,在河南城西建了一個兔苑,命令各地政府交納兔子,養在裡面。他還在兔子身上烙上記號,誰要是傷害梁家兔苑裡兔子的,就犯死罪。有個西域到洛陽來的胡商不知道這個禁令,打死了一隻兔子。梁冀大怒,為了這件案子,竟連殺數十人才解恨。

有個叫孫奮的人,做五官掾,在任上撈了不少錢財,發了家。梁冀看上了人家的財富,送給他一匹馬,向他借錢五千萬。孫奮知道借錢給梁冀是肉包子打狗,但被他逼得沒辦法,給了他三千萬。梁冀火冒三丈,他吩咐官府把孫奮抓住,誣說孫奮

第八章　權柄智謀

的母親是他們家收倉庫的婢女，盜走了白珠十斛，紫金千斤。孫奮兄弟二人被關入監獄，不肯承認，被官府活活打死，家產一億七千餘萬悉數歸了梁冀。

梁冀專權威柄，胡作非為，凶恣日積。凡百官上任，都要先去他家裡拜謁，聽他吩咐。有個遼東太守叫劉猛的，拜官後沒有到梁冀府上謁見，結果招致梁冀的嫉恨，隨便找了個藉口，將劉猛腰斬。梁冀與兄弟梁不疑、梁蒙關係不和。梁不疑、梁蒙二人在家苦悶，偷偷派人出去打獵，弄點野味，結果梁冀知道後派人將出獵的三十多人全部掩殺。

劉邦寵妾戚夫人，仗著自己受寵搶了呂后的風頭，還想讓自己的兒子劉如意繼位。呂后咬咬牙，忍！劉邦死後，呂后殺了劉如意，砍斷戚夫人的雙手雙足，挖出她的眼睛，用煙把她的耳朵燻聾，強迫她喝下啞藥，扔在豬圈裡，名曰「人彘」。呂后叫劉盈前去參觀。劉盈問那是何物？宦官說是戚夫人。劉盈驚倒在地，放聲大哭道：「太殘忍啦！這哪裡是人做的事？太后如此，我還憑什麼治理天下！」自此對呂后徹底失望，不理朝政，七年後去世。

平帝即位，王莽擔心外戚衛氏家族排擠瓜分他的權力，將平帝的母親衛氏及其一族封到中山國，不准他們回到京師。長子王宇反對，但王莽不聽勸諫。王宇和老師吳章商議，吳章說王莽迷信鬼神，我們就用怪事嚇嚇王莽，規勸他把權力交給衛氏。王宇便讓內兄呂寬半夜把狗血塗在王莽府邸的門上，製造

了一個狗血鬥事件，不料卻被發現。王莽一怒之下，將長子王宇逮捕入獄並賜死。呂寬潛逃後不久被捕遭誅殺，並滅三族。

東漢時，竇氏家族在朝中勢力龐大，竇憲是大將軍執掌軍隊，弟弟竇篤是衛尉，竇景是執金吾，竇環是侍中，朝廷各部門幾乎都有竇氏的親信。竇憲飛揚跋扈，強奪民產，就連明帝女沁水公主的園田也被他以賤價買了去。章帝過此園，得知內情，嚴厲指責了竇憲。竇憲北伐匈奴後，愈加跋扈恣肆。其黨羽互相勾結，有的還出入後宮，共謀殺害和帝。和帝知其謀，暗中安排，將竇憲發配到封邑，迫令自殺。

景帝時，吳王劉濞糾集楚國在內的七個藩國，以「誅晁錯、清君側」為名，發動叛亂。丞相陶青、廷尉張歐、中尉陳嘉聯名上了一分彈劾晁錯的奏章，要求把晁錯腰斬，並殺他全家，這樣一來，諸侯們就沒有藉口造反了。景帝為求得一時苟安，昧著良心批准了這道奏章。陳嘉駕了輛馬車，找到晁錯，說皇上叫你上朝議事呢！晁錯穿上朝服，興沖沖地上了車。車馬經過長安東市，中尉忽然停車，拿出詔書，向晁錯宣讀，將晁錯腰斬。可憐這個忠心耿耿的晁錯就這樣糊裡糊塗地被景帝給出賣了。

成帝時，王氏家族權傾一時，皇太后的哥哥王鳳把持朝政。一次，成帝召見劉向的小兒子劉歆，見他誦讀詩賦十分流利，博學有才，想封他做個中常侍，讓人準備好官服，其實也就一虛銜官名而已。不料正準備加封時，旁邊大臣們勸道：「大

第八章　權柄智謀

將軍王鳳還不知曉此事呢！」成帝道：「這等小事，關大將軍何事？」但大臣們執意要通知王鳳。成帝拗不過，於是告知王鳳要封劉歆的事情，結果王鳳不同意，此事只好擱置。

鄧綏6歲讀史書，12歲通《詩經》、《論語》，其才能為諸兄弟所不及。鄧綏十五歲入宮，在宮中小心謹慎，陰后被廢後，她被立為皇后。和帝死後，鄧后迎回了養於民間、甫生百日的和帝幼子殤帝即位，鄧后被尊為皇太后，因殤帝年幼，鄧綏臨朝聽政。不及一年，殤帝亦死，鄧太后又立劉祜為皇帝，是為安帝。鄧太后繼續臨朝，共攝政達16年之久。

衛子夫本是平陽公主家裡的一個歌伎。平陽公主收羅了許多美女，專等弟弟劉徹大駕光臨時，隆重獻出。一次，武帝來串門，平陽公主趕緊讓這十幾個美女一一粉墨登場，但劉徹對這些美女們都不感興趣。衛子夫登臺獻技，劉徹眼前一亮，衛子夫的命運由此發生轉變。陳阿嬌被打入冷宮後，衛子夫順理成章被立為皇后，她的三個弟弟，包括衛青都被封侯，當時有民謠唱道：「生男無喜，生女無怒，獨不見衛子夫霸天下！」

鄭眾是東漢時期的宦官，為人謹敏，有心機。漢和帝時，鄭眾只是一個皇家花園管理員，當時外戚專權，鄭眾不依附外戚，被和帝寵信。竇憲大破匈奴後，權傾朝野，欲望膨脹，想圖謀篡弒。和帝得知他的陰謀後，與中常侍鄭眾密謀殺害竇憲，適逢竇憲和鄧疊班師回京。竇憲還朝後，和帝勒兵沒收其大將軍印綬，改封為冠軍侯，命令他到封邑去，等他到達以後，

迫令自殺。鄭眾因功升為大長秋，封鄲鄉侯，由此常參與議論政事，東漢宦官參政從此開端。

李固當官時，外戚梁商專權。李固建議梁商辭退高位，作個表率，於是上奏寫道：「爬得太高則有危險，水太滿了則會溢出，月圓了會缺，日頭當頂就向下移。如今大將軍功成名遂，為了保全名聲和享有福壽，避免憂禍，可以自動引退。假如你能這樣，就不是一般的貪榮祿好權位的外戚之輩所能同日而語的了。我之所以這樣說，是為了報答你知遇之恩。」可惜梁商聽不進勸告，反而將李固貶官。

霍光成為漢昭帝劉弗陵的輔命大臣後，引起上官桀的不滿，他聯合燕王旦準備發動政變奪權。他們計劃由長公主設宴請霍光，暗中埋伏兵士殺掉霍光，廢除漢昭帝。危急關頭，長公主門下一名官員將他們的陰謀告訴了大司農楊敞（司馬遷之婿），楊敞轉告了諫大夫杜延年，杜延年立即向霍光報告。昭帝、霍光先發制人，將上官桀、桑弘羊等主謀政變的大臣通通逮捕，誅滅了他們的家族。長公主、燕王劉旦自知不得赦免，遂先後自殺身亡。

呼韓邪單于臨終之時，決意讓自己的兒子們輪流當單于。到了呼都而尸單于時，他卻不願放棄手中的權力，找個藉口殺了王昭君的兒子，剝奪了他的繼位資格，此舉引起比的不滿。蒲奴單于繼位，正逢匈奴境內連年乾旱和蝗災，又流行瘟疫，蒲奴單于怕漢朝趁機討伐，準備與東漢和親。比得知單于和親

第八章　權柄智謀

意圖,也想歸順漢朝,於是雙方準備大打一場。蒲奴臨陣一看,對方有四五萬人馬,自己只帶了一萬多軍士,只好撤回單于庭。比順利當選新的單于。

許嘉是漢成帝的岳父,王鳳是漢成帝的舅舅。宦官石顯倒臺時,丞相匡衡沒少出力,事後卻遭到滿朝文武指責,說他落井下石。匡衡上書請求辭職,許嘉為他求情,沒有罷匡衡的官,不料此舉卻引起王鳳的不滿,二人開始暗中較勁。許嘉有楊興這個槍手,王鳳找來了具有超凡政治天賦的盲人杜欽,杜欽建議從後宮著手。未央宮地震,有人發言說地震屬陰,這是皇宮中陰盛陽衰之兆,建議成帝及時削弱女寵勢力。成帝找來王鳳商議,王鳳趁機進言,免了許嘉的職務。

成帝時,許皇后被廢。當時皇帝身邊的紅人淳于長與許皇后姐姐許嬤長期私通,被打入冷宮的許皇后為了獲得復出的機會,透過姐姐聯繫到了淳于長,並對其賄賂金錢財物累計千萬。淳于長騙許皇后說一定告知皇上,讓她成為左皇后。不料此事被王莽得知,告訴了病床上的王根,憤怒的王根立刻讓王莽去告訴太后,太后又告訴了皇帝。淳于長被免官就國,王莽代替王根為大司馬,開始輔政。

晁錯擔任內史,對景帝提出了很多改革意見,招致丞相申屠嘉的嫉恨。一次,晁錯為了出入方便,擅自鑿開宗廟圍牆為門。申屠嘉一看,好機會!準備第二天奏請皇上殺掉他。但被晁錯知道了。晁錯連夜入宮,向景帝說明情況。翌日早朝,丞

相申屠嘉奏請誅殺內史晁錯，景帝說，晁錯鑿開的是外牆，不是真的宗廟的牆，並且是別人居住的地方，得到了我的允許，因此晁錯並無過錯。申屠嘉懊悔萬分，回家嘔血死了。

呂后想封呂氏家族為王，詢問王陵。王陵說當初高祖跟大家有過盟誓，這樣做違背了太祖之約。呂后又問左丞相陳平跟太尉周勃。兩人一致說沒問題啊！我們支持。呂后十分高興。散朝後，王陵埋怨二人：你們兩個傢伙背棄盟約阿諛奉承，死後以何面目見高祖？二人道：「當面譴責，據理力爭，我們不及你。護衛國家、安定劉氏你不及我二人。」呂后死後，陳平周勃果斷行動，盡誅呂氏，奪回了權力。

霍禹是西漢權臣霍光之子，昭帝時任中郎將。霍光去世，霍禹為右將軍、襲封博陸侯。霍禹身上具備所有官二代的特點，他和堂弟霍雲、霍山喜好擴建宅第，吃喝玩樂。霍禹被漢宣帝任命為大司馬，卻無印綬，削去兵權。霍禹、霍雲、霍山天天發牢騷，後來因陰謀反叛，事情敗露，霍雲、霍山自殺，霍禹被腰斬。

霍光死後，霍氏一門依然橫行霸道，宣帝開始暗中收繳霍家兵權。路溫舒上書道：「武帝時期用刑太嚴，官吏都把人往死裡整，如今要天下太平應該放寬刑罰，以安民心。」宣帝採納了他的意見。不久宣帝下旨：「廷尉由原來的一位，增加到四位。」霍氏一門因為權力逐漸被削弱心生怨恨，後因謀反事敗，滿門抄斬。

第八章　權柄智謀

　　漢昭帝八歲登基。新皇帝年幼，霍光大權在握後，同時輔政的上官桀很是不平，引發了更加激烈的權力鬥爭。霍光雖無二心，終究會遭人嫉恨。有人便勸說霍光道：「先前呂后倒行逆施，惹來天下怨恨，如果您想不招天下人嫉妒，首先應該尊重劉氏皇族，不能學呂后的做法。」霍光立刻醒悟，取得了劉氏皇族的支持和信任，最終在與上官桀的權力鬥爭中勝出。

　　上官桀想搞垮霍光，聯合燕王劉旦發動政變，趁霍光休假，以燕王旦的名義上書昭帝，誣陷霍光正在檢閱京都兵備調集校尉準備謀反，不料奏書送上去後遲遲不見回覆。次日早朝，漢昭帝召霍光進宮，說這奏書是假的。霍光問為何？昭帝答：「你調校尉到現在不到十天，燕王怎麼能知道呢？況且將軍要做壞事，並不需要校尉。」群臣大驚，對年僅十四歲的漢昭帝劉弗陵佩服得五體投地。

　　王莽為便於弄權，不肯立年歲較長的君主。哀帝死後兩個月，他才迎立成帝的另一個姪子、馮昭儀的孫子中山王劉衎為帝，史稱漢平帝。平帝十四歲後，已稍稍懂事了。他最憤恨的是王莽不讓他母親進京，拆散他們母子，加之專橫跋扈，從不把皇帝放在眼裡，所以在王莽跟前常流露出憤恨的神色。王莽怕平帝長大後不受控制，便在酒中下毒，把平帝毒死。這以後，又拖了三個月，立了一個年方兩歲的劉嬰做皇帝。再後來，王莽乾脆自己當了皇帝。

　　劉奭最寵愛的司馬良娣去世，劉奭傷痛欲絕，大病一場，

病癒後悶悶不樂。王皇后挑選了王政君等 5 人，並乘他來拜見父皇時，叫人悄悄地問他：「這幾個宮女怎麼樣？」劉奭思念司馬良娣，對她們毫無興趣，但既是皇后派人詢問，只得隨意一指：「就這個吧。」當時王政君離太子最近，又穿了一件與眾不同的衣服，宮人以為是指她，就稟告了皇后。皇后將王政君送進太子宮中，當上了太子妃。

平帝 12 歲，到了該結婚的年齡，朝廷準備為平帝選皇后。王莽為了讓自己的女兒當選，演了場欲擒故縱的把戲：他說自己是皇親，女兒長得又不好看，為了避嫌退出候選。眾人一看，這哪成？因避嫌退出候選，這對王莽不公平啊！每天都有上千人在宮門前上書為王莽說話。王政君把王莽的女兒列為候選對象。王莽一看，演得還不夠，又站出來說，我的女兒只是候選人之一，為了表示公平，應當擴大挑選的範圍。眾人一看，王莽真是大公無私啊！乾脆也別挑了，就讓你女兒當皇后吧！王莽就這樣當了平帝的老丈人。

霍光的老婆霍顯想讓自己的女兒成君當皇后，但漢宣帝早就立了妻子許平君為皇后，這讓霍顯很不滿。許皇后懷孕後，身體不舒服，有一個掖庭戶衛淳于賞的妻子衍是個醫生，被徵召入宮。衍想求霍顯替自己的老公換個工作，霍顯想藉衍之力除掉許皇后，二人一拍即合。許皇后被毒死，成君順利上位，成為皇后。宣帝立許皇后所生的兒子奭為太子，霍顯為此氣得吐血，想除掉太子卻未得逞，後來被宣帝抄家。

第八章　權柄智謀

　　尹婕妤與邢夫人同時被漢武帝寵幸。尹婕妤很想看看那位與她同時受寵的女人長什麼樣，央求武帝讓她見見邢夫人。武帝不願女人間無事生非，找了個宮女穿上夫人的服飾，冒名頂替邢夫人來到尹夫人面前。尹夫人說你莫騙我，這不是邢娙娥，這位的身材相貌氣質，哪裡能配得上天子？劉徹只好讓邢夫人穿上一身破舊衣服獨自前來，尹婕妤驚嘆道：這個是真的。說罷就低頭俯身抽泣離開了。

　　漢武帝時，皇后陳阿嬌被貶至長門宮，終日以淚洗面。為了重新獲得武帝的寵幸，阿嬌命一個心腹內監，攜黃金千斤，向大文士司馬相如求代做一篇賦，請他寫自己深居長門的閨怨。司馬相如遂作〈長門賦〉，訴說一深宮永巷女子愁悶悲思：「懸明月以自照兮，徂清夜於洞房；忽寢寐而夢想兮，魄若君之在旁」。武帝讀後，大為感動，陳皇后遂復得寵。但陳阿嬌後來對衛子夫施用巫蠱之術，甚至詛咒漢武帝，最後還是被廢。〈長門賦〉雖是千古佳文，卻終究挽不回武帝的舊情。

　　王莽想稱帝，萬事俱備，只欠玉璽。當時玉璽在他姑姑漢孝元太后王政君手中，王莽讓弟弟王舜逼老太后交出玉璽，老太后感覺被姪子給騙了，哭罵著將玉璽擲到地上，玉璽被摔掉了一角。王莽一看，不要緊，我用黃金將缺角補上就是了，還可以成為終身的防偽標記。王莽敗後，玉璽到了劉秀手裡，後來幾經轉手，直到五代朱溫篡唐後，後唐廢帝李從珂被契丹擊敗，持玉璽登樓自焚，玉璽至此下落不明。

衛少兒有一次抱著孩子去探望妹妹衛子夫。走進皇宮時，孩子突然「哇」的一聲大哭起來，驚了正臥病在床的漢武帝，卻也讓武帝出了一身冷汗。武帝頓覺身體無比舒暢，忙問是何人？衛少兒嚇得動也不敢動了。漢武帝見是衛少兒，接過孩子，不料這孩子到了武帝懷裡眉開眼笑。武帝大樂，得知還沒名字後，說：「朕近幾天來身體欠安，這孩子幾聲大哭，驚得我一身冷汗，病便霍然去除，朕賜名這孩子叫『去病』怎樣？」衛少兒連忙叩頭謝恩。霍去病之名由此而來。

馮太后冤死，司隸孫寶請求皇上重新調查。傅太后勃然大怒：「皇帝設定了司隸一職，就是為了監察我嗎？姓馮的賤人謀反一案已是鐵證如山，你孫寶卻吹毛求疵，故意宣揚我的所謂惡行！既然姓馮的是冤枉的，那就是我誣陷了好人，你來治我的反坐罪吧！」哀帝怎麼敢治嫡親奶奶的罪？為了安慰奶奶，又將孫寶打入天牢。尚書僕射唐林不服，上書抗爭，被發配到敦煌。之後大臣傅喜、龔勝一起上書「固爭」，哀帝才請示了傅太后，釋放了孫寶，並讓他官復原職。

張嫣是漢惠帝劉盈的外甥女。劉盈二十歲時，呂后將當時只十歲多一點的張嫣接進宮來做了劉盈的皇后。劉盈死時，張嫣年僅十四歲。後來諸呂被誅，漢文帝即位，封薄姬為皇太后，張嫣失去了皇太后之位，被軟禁在北宮二十多年，死時僅三十六歲。入殮時，宮女們替她淨身時驚人發現，張嫣冰清玉潔，依然是個處女。消息傳出後，臣民紛紛為她立廟，定時享

第八章　權柄智謀

祭,尊她為花神,為她立的廟便叫做花神廟。張嫣也成為中國歷史上第一位處女皇后。

班婕妤是西漢有名的才女,西漢成帝妃子,班固的祖姑。在趙飛燕入宮前,漢成帝對她最為寵幸。不過,很少有人知道,婕妤並非班氏的名字,而是漢代後宮嬪妃的稱號。因班曾入宮被封婕妤,後人一直沿用這個稱謂,而她真實名字已無從可考。班婕妤的文學造詣極高,她曾在詩中自比秋扇,感嘆道:「常恐秋節至,涼風奪炎熱。棄捐篋笥中,恩情中道絕。」後世便以「秋涼團扇」作為女子失寵的典故,又稱「班女扇」。

竇太后,閨名猗房,出身貧寒。她的父親為了逃避秦亂,隱居於觀津釣魚,不幸墜河而死,遺下三個孤兒。漢初,朝廷到清河召募宮女,竇氏年幼應召入宮。呂后當政後,準備挑選一些宮女賞賜給諸侯王,每個王五名,竇氏也在選中之列。她請求主持派遣宮女的宦官,希望能被分到離家近的趙國去,不料這個宦官忙過頭給忘了,竇氏被分到了代國。不過竇氏肯定不會後悔,因為她的丈夫劉恆和長子劉啟後來都當了皇帝,即後來的漢文帝和漢景帝。

王娡最初嫁給金王孫為妻,生了一個女兒金俗。王娡的母親臧兒有一次找相士為子女卜算,相士說她的兩個女兒都是大貴之人,當時正逢朝廷到民間選取良家女子,臧兒就把女兒從金氏家中強行接回,使了些手段把王娡送進了皇太子宮。皇太子劉啟即位後,臧兒又把王娡的妹妹王兒姁送入宮中。王娡充

分利用她的美麗、聰明、智慧與機謀，登上皇后之位，上演了一齣再婚皇后升職記。王娡與劉啟也生了個兒子，名字叫劉徹。

漢武帝有一次過黃河，見河間隱隱有青紫雲氣。隨行的方士檀何說，此雲氣之下必有奇女子。漢武帝果然就在河間遇上豔麗絕倫的趙氏女。但這位女子的手總是握成拳頭，不能張開。武帝伸出雙手將這女子的手輕輕一掰，女子的手便被鬆開，手中握有一玉鉤，因此被稱為鉤弋夫人。鉤弋夫人懷孕 14 個月，生下劉弗陵。據說弗陵和上古堯帝一樣是懷胎十四月而生，於是武帝稱其所生之門為堯母門。

桓鸞的女兒嫁給了劉長卿。劉長卿病故後，丟下她和五歲的兒子悽苦度日。此時的桓氏年方二十出頭，成熟豐饒，每次出門都會招惹來許多男人們垂涎的目光。為了不跟村中閒漢們接觸，桓氏十年不回娘家，多次拒絕父母令其改嫁的意願。苦守十幾年之後，兒子不幸病逝，桓氏是個堅毅而剛烈的女子，為擺脫改嫁，桓氏手持菜刀割掉了自己的耳朵，藉以明示自己絕不改嫁。

荀採十七歲時嫁給南陽的陰瑜為妻，兩年後生下一個女兒，丈夫陰瑜去世。父親荀爽不忍她年紀輕輕守寡，極力撮合她和同鄉一位剛死了老婆的郭奕締結連理，但荀採卻一直堅守著從一而終的信條。荀爽說自己病重，將女兒騙回來後逼她再婚，沒想到荀採得知後立即要抽刀自刎，多虧家人攔下她。洞房花燭夜，荀採裝出一副很高興的樣子，跟新郎聊了一晚。第二

第八章　權柄智謀

天,荀採藉洗澡之名,進浴室後關上門,用粉在扉上寫下「屍還陰」。「陰」字沒有寫成,怕有人來,便用衣帶自縊而死。

中國歷史上年齡最小的皇太后叫上官氏,她是上官桀的孫女,同時也是霍光的外孫女,六歲時嫁給十一歲的漢昭帝,成為母儀天下的皇后,也成為中國歷史上奇怪的一景。十五歲守寡成太后。漢宣帝輩分比昭帝小兩輩,按稱呼應該叫她太皇太后。國中畢業生年紀的她就這樣當上皇帝的叔祖母,開始了近四十年的守寡歷程,一直到五十二歲時去世。歷史證明:早婚要不得。

馬援有三個女兒,其中三小姐最聰明靈秀,早年與竇家訂婚。但馬援死後,竇家也參與陷害馬援,於是馬援的藺夫人就堅決與竇家解除婚約。後來,藺夫人把她的三個女兒全部送進皇宮,三小姐受太子劉莊寵愛,之後被立為皇后。馬皇后吸取了父親遭人排擠的教訓,在宮中平易近人,生活儉樸,常常穿粗布衣裙。她德、才、貌俱全,很喜歡讀書,從不干涉朝政。章帝想封三位舅舅為侯,馬太后以前朝外戚恣意妄為、結果招致滅門之災為由,多次拒絕。

皇甫規的妻子是扶風馬氏之女,容貌姣好,有文采又善書法。皇甫規死後,相國董卓愛慕她的名聲,用一百輛車和二十匹馬拉著錢帛,帶著數名奴婢來向她提親。馬氏穿便服來到董卓門前,跪地陳述情懷,拒絕了董卓。董卓讓手下人拔出刀子圍住她,逼她就範。馬氏自知不能倖免,站起來痛罵董卓:你

是羌胡之種,毒害天下還不夠嗎?我的先祖清德奕世,夫君文武上才,乃大漢忠良,你敢非禮我嗎?董卓大怒,將她鞭撲而死。後人圖畫,號曰「禮宗」。

鄧綏入宮後,恭謙謹慎,很受漢和帝喜愛。鄧綏生病,和帝特許她母親和兄弟入宮服侍,而且不限定留宮的日數。鄧綏對和帝說:「宮中禁地至為重要,而使外家的人久留禁宮之地,對上來說讓陛下蒙有偏袒私幸的譏諷,對下來說使我獲得不知足的誹謗。上下兩相受損,我實在不情願啊!」和帝說:「別人都以經常能到禁宮走走為光榮,妳卻反以為憂慮,寧願吃虧,真是難能可貴啊!」

梁鴻品德高尚,拒絕了好多媒人的提親。同縣孟氏有一個女兒,長得又黑又肥又醜,而且力氣極大,三十多歲了還不肯嫁,說早聞梁鴻賢名,立誓非梁鴻莫嫁。梁鴻聽說後就下聘禮娶了她。不料婚後一連七日,梁鴻一言不發。孟女問他為何不理自己,梁鴻說妳塗脂抹粉、穿名貴的衣服,哪裡是我理想的妻子?孟女說這好辦,我本來也是想考驗一下夫君的,於是穿上粗布衣,架起織機,動手織布。梁鴻見狀大喜,對妻子說:「妳才是我梁鴻的妻子!」

戚夫人多才多藝,會鼓琴、歌唱,精於舞蹈。她既會跳當時流行、劉邦又極喜愛的「楚舞」,還非常擅長「翹袖折腰之舞」,即「折腰舞」。戚夫人跳舞時只見兩隻彩袖凌空飛旋,嬌軀翩轉,極具韻律美。劉邦和戚夫人都善於鼓瑟、擊築,常常擁著戚夫

179

第八章　權柄智謀

人隨著瑟樂而歌唱。高興時,兩人開懷大笑,憂傷時則相對唏噓不已。

劉邦被項羽圍困在滎陽,劉邦求和,項羽不許。有一天,項羽派使者到劉邦營中,漢王備下豐盛的酒宴,命人端進。見到楚王的使者,漢王就佯裝吃驚地說:「我還以為是亞父的使者,原來竟是楚王的使者!」又讓人把酒餚端走,換上粗劣的飯菜端給楚王的使者。楚王使者回去以後,把這些情況稟告給項王。項羽聯想起軍營中的流言,於是果然懷疑起亞父來。范增很失望,在離開項羽後背上毒瘡發作而死。這一切,都是陳平的計謀。

楚漢相爭,陳平逃離項羽準備投靠劉邦,路遇濁浪滔天的黃河,陳平僱了一艘渡船過河。因為陳平是出了名的大帥哥,船伕一看,這人長得儀表堂堂,且獨自一人,斷定他是逃亡在外的將領,身上必定懷有金玉寶器,於是賊心萌動,鼠目游移,準備送陳平去見河神。陳平是何等精明的人?哪能看不出你心中的想法?他假意上前,幫忙撐船,划了幾下,偽裝體熱,解開衣服,裸露胸膛,顯示一無所有。船伕一看,原來你小子是個窮光蛋!陳平安然渡過黃河。

冒頓還是太子時,頭曼單于想立寵妾閼氏的小兒子為太子,就將冒頓派往月氏為質,隨即發兵攻打月氏。月氏人大怒,欲殺冒頓,冒頓聞訊,盜馬逃回匈奴。頭曼單于見冒頓勇敢,心中

愧疚，給他一支由一萬人組成的精銳騎兵。冒頓設計了一種叫鳴鏑的響箭，規定：鳴鏑所射而不悉射者斬！幾次訓練後，冒頓終於將這支騎兵打造為絕對忠於自己的部隊。一次狩獵中，冒頓用鳴鏑射頭曼單于，左右皆隨之放箭，射殺頭曼單于。隨後，冒頓又誅殺後母及異母弟，清除異己勢力，自立為匈奴單于。

李郃年少時遊太學、通五經，明數術。和帝時，任漢中郡戶曹史。大將軍竇憲納妻，天下郡國皆有賀禮，漢中太守也想遣使致賀。李郃勸道：「竇將軍，皇后兄也，不修禮德，而專權驕恣，危亡之禍翹首而待。願明公一心王室，勿與竇憲結交。」太守堅持派人致賀，李郃不能止，只好請自任使者，在途中故意滯留，以觀其變。行至扶風，竇憲果被貶自殺，其黨羽悉數被殺，與竇憲有來往的都免職，獨漢中太守未受牽連。

劉邦病重，呂后問劉邦：「陛下百年之後，如果蕭相國也死了，讓誰來接替他做相國呢？」高祖說：「曹參可以。」又問曹參以後的事，劉邦說：「王陵可以。不過他略顯迂愚剛直，陳平可以幫助他。陳平智慧有餘，然而難以獨自擔當重任。周勃深沉厚道，缺少文才，但是安定劉氏天下的一定是周勃，可以讓他擔任太尉。」呂后再問以後的事，劉邦說：「再以後的事，也就不是妳所能知道的了。」後來呂后去世，陳平、周勃一舉剷除了呂氏外戚集團。

第八章 權柄智謀

第九章
黨錮群英

　　東漢末年，興起了黨錮之禁，桓帝派出大量御使，挨家挨戶搜查黨人，天下許多名賢皆遭牽連。度遼將軍皇甫規雖為名將，但平素的聲譽不是很高。皇甫規自以為西北武夫，一直恨無緣入名士行列，以未被牽連為恥。他見朝廷大肆搜捕黨人，於是自動跑去投案，說我是黨人，你們逮捕我吧！主持案子的官員知道皇甫規的背景，將他拒之門外。皇甫規雖然沒能達到「光榮入獄」的初衷，卻也因這份勇氣被時人稱讚為賢良。

　　漢靈帝不僅昏聵無能，而且還親自賣官鬻爵。當時他拍賣了一個司徒職位，價值五百萬錢，當見到買官者上朝謝恩時，後悔得直跺腳：「好個官，可惜賤賣了。若小小作難，千萬必可得也。」如此皇帝，天下還不混亂？

　　桓帝劉志為蠡吾侯時，曾受學於甘陵儒師周福（字仲進）。桓帝即位，擢周福為尚書，與任河南尹的同郡人房植（字伯武）同時名聞當朝，鄉人為之謠曰：「天下規矩房伯武，因師獲印周仲進。」二家賓客，互不買帳，互相譏訕，遂各樹黨徒，鬧得水火不容，由是甘陵有南北黨人之說。黨人之議，從此肇端。

第九章　黨錮群英

靈帝登基後寵信宦官，主要有張讓、趙忠、夏惲、郭勝、孫璋、畢嵐、慄嵩、段珪、高望、張恭、韓悝、宋典，他們都任職中常侍，十人朋比為奸，號為「十常侍」。張讓和趙忠玩弄小皇帝於股掌之中，昏庸的靈帝甚至對別人說：「張讓是我爸，趙忠是我媽」。宦官更加肆無忌憚，將自家樓閣造得如同宮殿。靈帝常登永安宮的瞭望臺，宦官怕他望見自家的樓閣，勸告靈帝「天子不當登高，登高則百姓虛散。」靈帝從此不敢再登臺榭。

漢末十常侍為奸，朝政日非，人心思亂。安陽人魏桓多次被朝廷徵召，他都不去。鄉人也勸他出來做官。他反問鄉人：「做官，是為了施展自己的抱負。現在皇帝後宮宮女有四五千人，能減少嗎？田獵用的馬有萬匹，能裁汰嗎？皇上左右都是壞人，能除掉他們嗎？」鄉人只好搖頭：「都不能。」魏桓慨然嘆曰：「讓我活著出去死了回來，對你們有什麼好處呢？」於是隱身不出。

胡廣是東漢末年大臣，歷仕安帝、順帝、衝帝、質帝、桓帝、靈帝六朝，為官三十多年，五落五起，其奏章號稱天下第一。當時洛陽有諺語：「萬事不理，問伯始；天下中庸，有胡公。」陳蕃等人都是他的故吏。胡廣所處的時代，正是權臣外戚梁冀專權時，他因反對梁冀專權亂綱，為梁冀所不容，曾被三次罷官。梁冀被殺後，胡廣復出，在《官箴》的基礎上修訂、增補，寫出了四十八篇《百官箴》，作為朝廷規範各級官員思想行

為的準則，全力幫助皇帝整頓吏治。

陳蕃和竇武商議誅除曹節等宦官，事洩，曹節欲誅除竇武，陳蕃帶領門生八十多人拔刀衝入承明門大呼：「大將軍忠心保衛國家，宦官則是反逆，怎可以說竇氏無道呀？」王甫答：「先帝不久才去世，皇帝新立，竇武又有何功勳令他們兄弟父子一門獲封三侯？且又常擅取宮中人手，十個月之間就用了上億的錢。這樣的大臣，是有道嗎？你是國家棟梁，卻去依附黨人，還怎麼找反賊！」下令將陳蕃收捕，執送黃門北寺獄。當日陳蕃就被殺。

東漢末年，宦官秉政大肆逮捕黨人，范滂也被牽連入獄。臨刑前，范滂對兒子說：「我叫你做壞事吧，可壞事畢竟是不該做的；我叫你做好事吧，可是我一生沒做過壞事，卻落得這步田地。」范滂死前，最大的痛苦不在於一己之生命的毀滅，而是他一生所堅持的道德信念終於坍塌，讓人感慨不已。

司徒王允與呂布等殺死董卓，蔡邕因董卓被殺而嘆息，惹怒王允，被捕下獄。許多官員嘗試拯救未果，馬日磾向王允勸道：「蔡邕是曠世逸才，並且熟知兩漢的事，應該讓他繼續修史，以為一代大典。而且蔡邕以忠孝著名，現在無故誅殺他，會令人民失望。」王允辯駁：「當日武帝沒有殺司馬遷，令他寫了譭謗的書（史記）並流傳後世。現在東漢衰落，四處征戰，不可以讓佞臣在幼主（漢獻帝）身邊寫史書。不但無益於皇帝的聖德，更令我們等人遭到他的非議。」

第九章　黨錮群英

　　宦官為非作歹，引起天下正直知識分子的反對。單超的弟弟單匡任濟陰太守，貪贓枉法，民憤極大，在州中任從事的河南陳留人朱震（字伯厚）不畏宦官的淫威，毅然向桓帝彈劾單匡，並牽連單匡的兄長中常侍車騎將軍單超。漢桓帝收單匡下廷尉，以警告單超，單超親自請求入獄以謝罪。當時民間流行諺語稱讚朱震說：「車如雞棲馬如狗，疾惡如風朱伯厚。」

　　張讓有監奴主管家務，勾結權貴，收受賄賂，威名很大。扶風人孟佗，家產富足，和張讓的監奴結為朋友，竭自己所有送給監奴，沒有剩下一點自己所愛的東西。監奴感激他，問孟佗：「您有什麼要求呢？我都能為您辦啊！」孟佗說「：我只希望你們為我一拜而已。」當時請求見張讓的賓客，經常在門口停著數百上千輛車子。孟佗那時也去見張讓，因為後到，不能進去，監奴就率領各奴僕在路上迎拜孟佗，並且共同抬著他的車子進門。賓客們大為驚奇，認為孟佗和張讓交好，爭著用珍寶奇玩賄賂他。孟佗分一些給張讓，張讓大喜，讓孟佗當了涼州刺史。

　　太學生最推崇的是李膺、陳蕃、王暢等士大夫。這三人都是士人官員中抑制宦官勢力的代表人物。太學生為此還編出了三句順口溜式的評語：「天下模楷李元禮，不畏強禦陳仲舉，天下俊秀王叔茂。」

　　張儉出任山陽東部督郵，侯覽家裡的人依仗侯覽的權勢，在當地強占民田，殘害百姓，無惡不作。張儉多次上書告發，

相關文書皆被侯覽扣押，招致侯覽的嫉恨。侯覽唆使朱並上告張儉，誣稱張儉等人聚眾造反。靈帝不予明察，下令逮捕張儉。張儉無奈潛逃，百姓敬重他的品行，所到之處，都願意冒著危險接納他，後在東萊人李篤的掩護下逃往塞外。譚嗣同就義前的題壁詩「望門投止思張儉，忍死須臾待杜根」即用此典。

陳蕃是東漢末著名大臣，為官清廉，剛正不阿。有一次，漢順帝之妻梁皇后的哥哥、時任大將軍的梁冀寫了一封信給陳蕃，讓他替自己做一件事。陳蕃雖為地方官，卻不肯攀附這權勢熏天的梁冀，對梁冀的信使拒而不見。信使於是詐稱大將軍前來，陳蕃一怒之下，用皮鞭將信使打死。梁冀得知後大怒，在皇帝耳邊嘀咕了幾句，陳蕃就被貶到修武縣做了一名縣令。但陳蕃在任時政績顯著，沒過多久，陳蕃被再次啟用。

國舅竇武想說服女兒竇妙，名正言順地掃滅宦官，他入宮後對竇妙說：「漢朝制度，黃門、常侍但當在宮內，看門戶，管財物。今卻讓其理政事掌權柄，得以子弟布列，專行貪暴。天下不定，正以此故。宜全部誅廢，以清朝廷！」此時的竇太后立場已發生轉變，她反駁說：「漢來制度相傳，但當誅其有罪，豈可盡廢？」

郭泰身長八尺，相貌魁偉。符融把他介紹給名士李膺，很少稱讚人的李膺，見了郭泰，竟下了這樣一番評語：「讀書人我見多了，卻從未有像郭林宗者。此人聰識通朗，高雅密博，今之華夏，罕見其雙！」李膺一言，使郭泰名震京師。等他離開洛

第九章　黨錮群英

陽回鄉的時候，送行的車子達數千輛，只有李膺有資格和他同乘一舟過黃河，岸上數千人觀之，如觀神仙。

郭泰信奉亂世不為官的古訓，一直做著實事。有人勸他仕進，他回絕說：「吾夜觀乾象，畫察人事，天下大事已不可支。」有人問名士范滂：「郭林宗是怎樣的人？」范滂的回答是：「隱居能奉事雙親，清貞而不絕俗塵，天子不得臣，諸侯不得友，吾不知其他。」

漢末天象有變，太白犯房之上將，入太微。素和天文官有交情的侍中劉瑜，得知這一消息，立即上書竇太后說：「案查《占書》：宮門當閉，將相不利，奸人在主傍，願急防之。」與此同時，劉瑜又修書給竇武、陳蕃：「星辰錯繆，不利大臣，宜速斷大計」。劉瑜想催促竇武、陳蕃對宦官一黨馬上採取行動，以免夜長夢多，但竇太后方面依然無反應。

東漢士人為了利益，為了名氣，孳生了不少的毛病。當時的思想家仲長統總結為三俗、三賤、三奸：選拔人才論門第，一俗；交遊喜趨富貴之門，二俗；畏服尊貴之人而不自尊，三俗。慕圖虛名而不知實，一賤；不敢對富貴之人正是非，二賤；攀附盛勢而背棄衰者，三賤。明是不懂卻裝深沉，一奸；剽竊他人之論為自己之說，二奸；無名者冒充名士，三奸。

趙岐少年時就讀通了經書，頗有才藝，廉潔剛正，疾惡如仇。中常侍左悺之兄左勝，官拜河東太守。趙岐鄙視痛恨宦官，以在宦官勢力體系下任職為恥，當日棄官而去。時任京兆

尹的唐衡之兄唐玹，將趙岐所有的家屬宗親打入囹圄，羅織罪名，全部處斬。趙岐匿名逃亡，在北海賣餅為生。

徐璜的姪子徐宣出任下邳令，暴虐一方。他早先看中前汝南太守李暠的女兒，遭到拒絕，後又令吏卒強搶此女入衙，調戲後用箭射死。下邳屬東海，東海相黃浮將徐宣一家逮捕歸案，嚴刑逼供。面對下屬的苦言勸告，黃浮慨然答道：「徐宣國賊，今日殺之，明日坐死，足以瞑目。」隨即令將徐宣押赴市口斬首，暴屍示眾。

竇武率營府兵與宦官王甫等人交戰，兩軍相遇，竇武一方漸感不支。王甫乘機讓兵士向對方軍隊喊話：「竇武謀反，汝等都是禁兵，當宿衛宮廷，保衛天子，何故追隨謀反者！」士兵開始逃離。竇武見大勢已去，仰天長嘆，和竇紹突圍而走，最後自殺而死。郭泰聽聞竇武、陳蕃死訊，一人來到野地，嚎啕大哭，對天長嘆：「人常說邦國將亡，邦國殄瘁。漢室將滅，世運當不知由誰來主宰！」

竇武、陳蕃被宦官殺害後，他們的門生故吏，以及推舉的朝廷上下官員，一律免官禁錮。官任議郎的勃海人巴肅，是參與竇武密謀者之一，宦官一黨起初沒注意他，等了解情況後開始追捕。巴肅為免牽連他人，自動投案。縣令久聞巴肅大名，見他高義，肅然起敬，解了印綬要與他一起逃亡。巴肅拒絕道：「為人臣者，有謀不敢隱，有罪不逃刑。既不隱其謀，怎敢逃其刑！」昂首入獄，慷慨伏誅。

第九章　黨錮群英

　　李膺個性孤傲,不愛與人來往,唯獨與同郡人荀淑、陳定為師友。由於他學問高,為人正直,道德旗幟高高飄揚,在社會上的名望很高。李膺家的門不易入,士人受到接見,被譽為「登龍門」,身價立刻就會上漲,故一般人都以能與他來往為榮。荀爽去拜訪李膺,並曾為李膺趕馬車,回到家裡,喜不自禁,逢人就說:「我可是為李膺趕過車的!」

　　梁冀專權,桓帝心懷不平,但不敢公然發作。一次,桓帝悄悄問唐衡:我身邊誰與皇后家有矛盾?唐衡答:單超、左悺與河南尹梁不疑(梁冀之弟)有矛盾,徐璜、具瑗常忿恨外戚專橫。桓帝於是召集單超等五人,對他們說:梁冀兄弟專權,脅迫內外,朝臣多附從之,今欲誅之,你們以為如何?單超等都說早該誅殺了。桓帝說那你們想個辦法。單超等人答:謀誅梁氏並不困難,就怕再生狐疑。桓帝悅,無可懷疑,咬單超手臂出血為盟,與五人商議,終於扳倒了梁冀。

　　靈帝即位,竇太后臨朝,封她父親竇武為大將軍,陳蕃為太尉。陳蕃想剷除朝中的宦官,召回那些終身禁錮的士人出來做官,去找竇武商議。竇武也有此意,於是二人向竇太后寫奏章要求消滅宦官,但竇太后遲遲下不了決心,倒是打草驚了蛇。宦官曹節、王甫決定先下手為強,先從竇太后那裡搶了玉璽和印綬,把竇太后軟禁起來,又用靈帝的名義,宣布竇武、陳蕃謀反,將其處死。

　　靈帝繼位後,竇武被任命為大將軍,在一片歌功頌德聲中,

涿郡人盧植不以為然。他上書對竇武說:「足下對於漢朝,論者以為猶如周公旦、召公奭在周室,建立聖主,四海有系,功重蓋世。吾卻以為,今按同宗尋後,照著譜牒依次建立,何勳之有!足下豈可橫叨天功,以為己力!宜辭大賞,以全身名。」

　　永興元年(153年),冀州發生嚴重的水災饑荒,饑民流亡幾十萬戶,盜賊蜂起。朱穆奉命出任冀州刺史,前去收拾局面。出發前,三個冀州籍貫的中常侍前來拜訪,欲讓他關照他們的宗屬。朱穆是有名的鐵面,託辭拒絕相見。冀州各級地方長官多是宦官的枝蔓,因懼於朱穆威名,聞訊立即有四十多人解了印綬,逃任而去。

　　范滂在黨錮一案中被牽連入獄,母親趕來與之訣別。范滂安慰說:「我要去地下陪伴父親了。我死了以後,還有弟弟會撫養您。母親不要太傷心。」范母說:「兒今日能與李膺、杜密齊名,死亦何恨?」後來蘇軾少年時,母親程氏教其《後漢書·范滂傳》,讀到此處,蘇軾問母親:「我可以學范滂嗎?」程氏答:「你能學范滂,我為何不能學范滂的母親?」

　　師宜官,東漢書法家。漢靈帝好書法,徵天下數百位書法家於鴻都門,約幾百人。這些人中,師宜官的八分書法是最好的。師宜官的字可大可小。大的,一個字的直徑長丈;小的,在寸方的一片竹簡上,可書寫一千個字。師宜官恃才傲物、好飲酒。有時空手去酒店,在酒店的牆壁上書字出售,招來許多人圍觀,等賺夠了酒錢就把牆上的字剷去。徒弟梁鵠透過勤學

第九章 黨錮群英

苦練,基本上掌握了師宜官的書寫技法,並且青出於藍而勝於藍,成為著名的書法家。

賈彪少遊京師,志節慷慨。兄弟三人,以壯烈並稱,皆獲高名,然數賈彪名聲最隆。初仕州郡,舉孝廉,出任新息縣長。當地百姓因家貧,多不養子,常有溺殺子女的陋習。賈彪為了改變這種陋習,規定溺殺子女者與殺人同罪。城南有個盜匪殺了人,城北有婦人殺子者。賈彪外出辦案,掾吏欲引向城南。賈彪道:盜匪害人乃是常理,母子相殘,逆天違道,遂驅車北行。城南盜匪聞之被感化,自縛請罪。百姓為紀念他,敬稱為「賈父」,生男名「賈子」,生女名「賈女」。

桓帝欲立寵幸的田聖為皇后,陳蕃不同意,說田氏卑微,竇族良家,一爭再爭。桓帝爭不過他,讓了步,由是竇妙成了皇后。竇太后掌握了權柄,起用大恩人為重臣,還要封陳蕃為高陽鄉侯。陳蕃一口拒絕,他說:「臣聞割地之封,要憑功德。臣雖無素潔之行,卻竊慕君子『不以其道得之,不居也』。若受爵不讓,厚顏受之,使皇天振怒,災流下民,於臣也非有利!」竇妙堅持要封,陳蕃堅決不受。最終,竇妙拗不過陳蕃,只好隨了他的意。

陳蕃、竇武被殺後,陳蕃的友人朱震收葬了陳蕃屍首,藏匿了陳蕃的兒子陳逸。事情洩漏,朱震被捕下獄,合門釘上桎梏。他被拷打得九死一生,仍誓死不言,終使陳逸得以倖存。竇武的掾屬胡騰葬了竇武,將他兩歲的孫子竇輔冒為己子,與

令史張敞一同藏在零陵地界中，撫養成人，為忠良留了一線餘脈。

蔡邕，東漢文學家、書法家，漢獻帝時曾拜左中郎將，故亦稱「蔡中郎」，才女蔡文姬之父。蔡邕好辭章、數術、天文，精通音律和書法，尤長於隸書，首創「飛白」書體。這種書體，筆畫中絲絲露白，似用枯筆寫成，為一種獨特的書體，對後世影響甚大。東漢靈帝時，蔡邕的作品〈熹平石經〉刻成碑文被立在京城洛陽的太學門口，作為天下讀書人校訂文字的範本，一時之間，太學熱鬧非凡，每天來此觀覽摩寫的人很多，車有上千輛，道路為之阻塞。

東漢末年，宦官排斥異己，打擊士人。陳蕃身為黨人的代表，一直旗幟鮮明地彈劾指責宦官一黨，所以成為宦官們的討伐對象。陳蕃後來和大將軍竇武密謀剷除宦官，不幸事洩，被王甫逮捕。宦官們騎著馬在這位八十多歲的老人身上肆意踐踏，口中還罵道：「死老魅！看你還能與我們做對嗎？」陳蕃就這樣被他們殘忍地殺害。

宦官王甫有個養子叫王吉，為人暴虐，以殺人取樂，他為沛相時，只要殺了人，都要把屍體大卸八塊放在車上，遊街於城鄉，公布犯人的罪狀。遇上夏天，天氣炎熱，屍體腐爛，他讓官吏將犯人的骨頭連接起來，一定要把一郡都遊完為止。沛國的人都驚恐萬狀，震怖瑟縮，他才覺得達到了目的。王吉在沛國任宰相一共五年，就殺了一萬多人。

第九章　黨錮群英

劉志是東漢第十位皇帝。梁冀毒死九歲的漢質帝後,立十五歲的劉志即位,外戚開始掌權。劉志從小就對梁氏不滿,即位後,聯合宦官單超等五人一舉殲滅了梁氏,五人也因此被封侯,稱之為「五侯」,政權由此落入宦官之手。不料五侯比外戚更加腐敗,他們對百姓們勒索搶劫,弄得民不聊生;對黨人百種非難,發生「黨錮之禍」。劉志崇尚佛、道,沉湎女色,荒淫一生。

宦官王甫的養子王吉殘忍暴虐,尚書令陽球也看不下去了,他在家裡拍著大腿,說:「若我當了司隸校尉,還能讓這些宦官崽子活下去嗎?」事有湊巧,陽球真的當了司隸校尉。他面奏靈帝,收捕了王甫等人。刑場上,王萌請求替他的父親王甫減刑,被陽球一頓臭罵。王萌自知必死,回罵道:「你也不過是一個侍奉過我們父子的奴僕而已!遲早會完蛋的!」王甫父子三人被活活打死。但陽球不擇手段的做法也為自己帶來了災禍,一年後被宦官殺害。

漢桓帝喜歡玩弄政治平衡,一會兒偏袒宦官壓制士人,一會兒幫助士人打擊宦官。有一次,漢桓帝遊上林苑,問爰延:「朕是怎樣的君主?」爰延答:「陛下為漢朝中等之主。」桓帝又問:「此話怎講?」爰延的回答很巧妙:「用士人菁英任事,則治;用中常侍黃門參政,則亂。由此可知,陛下可為善,也可為非。」

士人為了獲取大聲勢,在朝野列出了大名士榜,分為五檔。第一檔是「三君」:竇武、陳蕃、劉淑;第二檔是「八俊」:李膺、

荀翌、杜密、王暢、劉祐、魏朗、趙典、朱㝢；第三檔是「八顧」：郭泰、范滂、尹勳、巴肅、宗慈、夏馥、蔡衍、羊陟；第四檔是「八及」：張儉、岑晊、劉表、陳翔、孔昱、苑康、檀敷、翟超；第五檔為「八廚」：度尚、張邈、王孝、劉儒、胡母班、秦周、蕃向、王章。

杜密去官回到家鄉以後，經常往太守府跑，提建議，薦賢士。同鄉劉勝卻明哲保身，不問政事。一次，太守王昱對杜密稱讚劉勝是個清高之士。杜密知道王昱名為稱讚劉勝，實則批評自己好管閒事。便對王昱說：「劉勝居大夫之位，受上賓的禮遇，卻知善不薦，聞惡無言，明哲保身，噤若寒蟬，這樣的人真是有罪的啊！而我薦舉志義力行之賢，糾察違道失節之士，使你賞刑得法，政譽遠播，不也是為國家盡了一點力嗎？」王昱自此愈加厚待杜密。「噤若寒蟬」即出於此。

呂強少時以宦官為小黃門，遷中常侍。漢靈帝時，按封宦者之例，封他為都鄉侯，卻被呂強拒絕。他曾經上書陳事，指出曹節、張讓等宦官品卑人賤，讒諂媚主，私自結黨為禍，建議停止對他們的濫封和重用，還建議皇家及貴戚減少衣食之費，減輕百姓的負擔。黃巾起義爆發，呂強建議先誅貪汙的宦者，大赦黨人，招致中常侍趙忠等宦官的嫉恨，被他們誣陷欲仿效霍光謀廢立之事，無奈自殺。

單超等人協助漢桓帝除掉大將軍梁冀後，單超、左悺、徐璜、具瑗、唐衡五人均被封為縣侯，食邑萬戶，世人並稱「五

第九章　黨錮群英

侯」。用大臣朱穆的說法，他們是：「手握王爵，口含天憲」。單超死後，桓帝感念其恩，以近似於帝王的葬禮讓他入土為安。四侯日益驕橫，民眾送了四個外號，叫做：「左回天，具獨坐，徐臥虎，唐雨墮。」意思是左悺有回天之力，具瑗無人敢抗衡，徐璜如吊睛大蟲，唐衡勢力遍布天下。他們競起第宅，廣建樓閣亭臺，搜集奇珍異物，多取良人美女以為姬妾，到處敲詐勒索，欺壓百姓。

東漢末，朝廷詔三府掾屬徵集民謠，藉此來考察官吏。范滂據此彈劾了刺史與中央官僚二十多人。尚書臺懷疑他挾私報復，派人前來責問。范滂說：「我所劾奏的人都是奸猾貪暴為害百姓者。這是倉促間舉奏的，待我慢慢查訪，還會有更多！農夫除草，才能讓農作物長得茂盛；忠臣除去朝中奸邪之人，國家的政治才會因此清明。如果我的話有不一致的地方，甘願在眾人面前受到懲罰。」

何進被宦官圍住殺害。袁紹得知何進被殺的消息後，立刻派他弟弟袁術攻打皇宮。袁術一把火燒了皇宮的大門，大批的兵士衝進宮中，不分青紅皂白，見了宦官就殺。有的人不是宦官，只是因為沒有鬍鬚，也被錯認為宦官殺了。有的人只好脫下褲子露出健全的陽具來證明自己不是宦官。經過這場火併，外戚和宦官兩敗俱傷。何進召來的董卓卻帶兵進了洛陽。

黨人被逮捕關押後，按照東漢的制度，大案須經過政權最高的三個機構 —— 太尉、司徒、司空三府的聯署，方能生效。

文件傳到太尉陳蕃手中時，他拒絕署名，說：「今列入此案者，皆海內名士，是憂國忠公之臣。對他們而言，十次赦免也是理所當然，豈能無罪而被收捕！」結果桓帝繞過陳蕃，免除了陳蕃的職務。

士人慷慨激昂，大有前赴後繼的精神，不扳倒宦官誓不罷休。出身貧寒的申屠蟠卻在一片救國救民的口號聲中，觀出了其中很多士人的私心。他長嘆著說：「昔戰國之世，士子橫議，列國之王視為先驅。然誰知，此伏下了坑儒燒書之禍。今日之事，必當重蹈覆轍！」之後，申屠蟠斷絕了與士人的往來，銷聲匿跡，躲到僻地，找了個樹洞當屋子，替人幫傭。

漢靈帝去世後，十四歲的少帝劉辯即位，何太后臨朝，外戚何進官拜大將軍，掌控朝廷。當時，外戚、宦官相爭激烈，何進打算剷除宦官勢力。但是少帝的母親何太后反對。袁紹提議讓擁兵自重的西北軍董卓進京，逼迫何太后答應。何進同意了袁紹建議，準備剷除宦官，但事情洩漏，宦官先下手為強，殺了何進。外戚、宦官兩敗俱傷，倒讓董卓撿了個大便宜，他在混亂中擁兵自重，控制了京城洛陽。

黨錮案爆發，桓帝讓王甫審訊黨人。王甫詰問范滂：「你身為人臣，不思考如何盡忠報國，卻跟人結黨褒貶朝政，無事生非，你們到底想做什麼？」范滂答：「我聽孔子說，見到善人就怕跟不上，見到惡人避之猶恐不及。我只想讓善人和善人一起清潔，惡人與惡人一同汙穢。我們以為這是朝廷所願意的，沒

第九章　黨錮群英

想到還有什麼結黨之說。」

漢質帝死後，朝中大臣想扶持清河王劉蒜，外戚梁冀為繼續掌權，支持自己的妹夫蠡吾侯劉志當皇帝。因劉蒜當初曾對曹騰無禮，故曹騰也支持劉志。他連夜趕到梁冀家中，對梁冀說：「將軍世代都是皇親國戚，總理朝政，人際關係複雜，有很多違反法度的地方。清河王嚴明，如果最後成為君主，那麼將軍遭受災禍就為期不遠了。不如立蠡吾侯，富貴可以長久保持啊！」曹騰的一番話觸動了梁冀，梁冀於是力排眾議，立蠡吾侯劉志為帝，即漢桓帝。

桓帝統治後期，宦官專政，引起士人的不滿。一批太學生看到朝政敗壞，便要求朝廷整肅宦官、改革政治。宦官們對此恨之入骨，誣衊官僚和太學生結為朋黨，要對朝廷不利，對他們進行了嚴厲的打擊，在西元166年與司隸校尉李膺發生大規模衝突。桓帝大怒，下令逮捕替李膺請願的太學生200餘人，後來在太傅陳蕃、將軍竇武的反對下才釋放太學生，但是禁錮終身，不許再做官，史稱「黨錮之禍」。

東漢末，朝廷下令捉拿黨人，唯有平原郡相史弼沒有上奏人數。朝廷下詔書催逼，青州還派了一個官員親自到平原去查問，責問他為什麼不報黨人的名單。史弼說我們這裡沒有黨人。從事責問史弼：「青州下面有六個郡，五個郡都有黨人，怎麼平原偏偏會沒有？」史弼答：「各地的情況不一樣。別的地方有黨人，為什麼平原就一定也有黨人呢？」從事大怒，立即逮捕

史弼的所有屬吏,送往監獄囚禁。

大宦官張讓之弟張朔犯下大罪,為躲避追究,隱藏在張讓府中的空柱中。李膺升任司隸校尉後破柱將其揪出,審訊後立即處死。張讓告到御前,李膺以孔子為魯司寇七日而誅少正卯為訓,說自己上任十日而誅張朔,已是太遲。請桓帝再給他五日,以滅元惡,如此雖死無憾。小黃門們很長時間都小心翼翼,桓帝問他們以前張揚的很,現在怎麼變得這麼老實?答:怕李膺。

東漢末,有個叫張成的擅長占卜。一次,張成透過占卜算出天下將有大赦,讓兒子去殺了仇人。當時李膺正好任河南尹,得報後,立刻將張成逮捕。沒過多久,桓帝果然頒發了大赦令。張成本當被赦免,但李膺疾惡如仇,不僅沒有釋放張成,反而提前將張成處決。宦官趁此機會向士人集團發難,指控李膺犯下了欺君之罪,並指責以李膺為首的士人集團以結黨的方式,禍亂國家和朝廷。桓帝大怒,下令逮捕黨人。

黨人自詡清流,瞧不起那些宦官,對付宦官不分青紅皂白。竇武和袁紹都堅持把宦官全部誅殺乾淨,不然必為後患。竇武對竇太后說:「宦官要全部誅殺乾淨。」竇太后答:「只要殺掉有罪的就行了,哪能全部都除去呢?」何太后也不答應:「沒了宦官,難道讓我直接面對那麼多的男性大臣?」張鈞請斬十常侍,靈帝也怒了:「這小子說話太惡毒。十常侍中難道沒一個好人嗎?」

第九章　黨錮群英

梁冀毒死質帝後，立十五歲的桓帝為皇帝，此後他更加專擅朝政，結黨營私，且任人唯親，大肆將官爵給予親族。十三年後，忍至極限的桓帝躲在廁所，密令小黃門唐衡，聯繫宦官單超等人誅滅梁冀。最終梁冀自殺，梁氏滅族，抄沒梁冀財產，達三十餘萬萬，桓帝為收取人心，令減天下租稅之半。

范滂被關押在黃門北寺牢獄內。獄中官吏對他說：「凡是犯法被關押在此的，都要先祭拜皋陶。」范滂回答：「皋陶是賢者，古代正直無私的大臣。倘若他知道我范滂無罪，將要到天帝那裡去替我申訴；倘若我有罪，祭他又有什麼好處！」此後，眾人也停止祭拜了。

竇武、陳蕃謀誅宦官，本來是勝券在握。不料奏章送進宮後卻被宦官朱瑀知道了。朱瑀打開奏書一看，頓時火冒三丈：「宦官中放縱不法之人當然可以誅殺，可我們有什麼罪？也要被滅族？」隨即召集十七名宦官歃血為盟，誓殺竇武。他們挾持皇帝和太后，下詔逮捕竇武。竇武在經過一天的抵抗後，無奈自殺。朱瑀此前並無劣跡，但黨人不給他生路，唯有奮起抗爭了。

延熹九年，桓帝受宦官蠱惑，在全國搜捕黨人，受牽連的有二百多人。第二年，已回歸故里的太學生賈彪對友人說：「吾不西行，大禍不解。」於是他趕到洛陽，勸說竇武、霍諝等人疏救黨人。竇武是桓帝的老丈人，為了營救黨人，他以辭職相威脅，甚至拿天變來恐嚇皇帝女婿：你看看你，兒子生不出來，都怪你逆天而行，為難黨人。桓帝懼，大赦黨人。李膺出，感

慨道:「吾得免此,賈生之謀也。」

中平元年,黃巾起義爆發。張角自稱天公將軍,二弟張寶稱地公將軍,三弟張梁稱人公將軍。他們肆意焚燒當地官府,劫掠城鎮,天下紛紛響應,京師洛陽為之震動。靈帝召集群臣商議對策,皇甫嵩進言,應下詔解除先前禁止黨人作官之令。靈帝問中常侍呂強,呂強說:「再不釋放黨人,如果他們和張角合謀,麻煩就大了。」靈帝這才大赦天下黨人,可惜已挽不回漢朝頹敗的氣數了。

靈帝下詔逮捕黨人,曹節拿著請求逮捕「鉤黨」的奏疏讓十四歲的靈帝簽字。靈帝不懂什麼是「鉤黨」,就問曹節。曹節答:「鉤黨就是黨人。」靈帝問:「黨人做了什麼壞事,要殺他們?」曹節答:「他們結為一黨,圖謀不軌。」靈帝還是不懂,又問:「不軌又會怎樣?」曹節都快哭了:「不軌就是推翻國家啊!」靈帝於是同意了他的奏章。黨錮之禍再起。

蹇碩是東漢時期的宦官,因其壯健而有武略,成為靈帝身邊一位重量級心腹和大紅人,被靈帝委以典領禁軍一職,為「西園八校尉」之統帥。蹇碩雖然手中握有兵權,但對何進非常畏忌。靈帝駕崩前將次子劉協託付給蹇碩,蹇碩想先殺何進再立皇子協為帝,請何進入後宮。密謀誅除何進,不巧計畫洩漏。劉辯順利繼承帝位,何進命令黃門令逮捕蹇碩並誅殺之。蹇碩無路可走,正碰上了中常侍郭勝,被他一刀結束了性命,所領的禁軍盡皆被何進收歸。

第九章　黨錮群英

　　李膺堅定不移地打擊橫行霸道的宦官勢力，招來了宦官的忌恨，被朝廷逮捕而後禁錮。第二次黨錮案起，李膺當時已經在家賦閒。有人勸李膺逃走。李膺回答說：「做事情不推辭艱難，犯了罪不逃避刑罰，這是做臣子的氣節。我已經六十多歲了，死生聽從命運，還能逃到哪裡去呢？」李膺自動赴詔獄，在獄中被拷掠而死。

　　靈帝初年，中常侍張讓權傾天下。張讓死了父親，歸葬潁川，雖然全郡的人都來奔喪，但名士一個都沒去。張讓感到又羞恥又憤恨，這時陳寔站了出來，一人去弔唁，這讓張讓感動得不得了。後來黨錮案爆發，宦官大肆逮捕誅殺黨人，陳寔因為對張讓有恩，因而寬恕保全了許多黨人。

　　建寧二年，第二次黨錮案又起。范滂此時正在家賦閒。汝南郡的督郵吳導帶著逮捕范滂的詔書來到鎮上，到了驛舍，他關上門，抱著詔書，伏在床上痛哭。范滂知道後說：「我知道督郵一定是不願意抓我才哭的。」於是去投案。縣令一見大驚，解下自己的官帶印綬準備與范滂一起逃走。范滂說：「我死了，禍難也就到此為止了。哪能連累你？況且家有老母，難道還要讓老母流離？」遂入獄。

第十章
趣聞軼事

　　漢四年，楚漢兩軍對峙於今河南滎陽廣武山間。有一次，劉邦跑到漢城外的高地，和項羽對罵，列數項羽殺懷王燒秦宮坑殺秦軍不守信用等十大罪狀，項羽聽了氣得哇哇大叫，舉起弓弩就射劉邦，劉邦應聲而倒。明明是胸口中箭，劉邦卻怕引起軍心不穩，大聲說道：這賊子射中我腳趾頭了！項羽很鬱悶，難道我的箭法退步了？

　　秦末，劉邦進兵咸陽，抵嶢關，遇秦軍阻路。劉邦想強行攻取，張良說不可，嶢關的守將是個屠夫的兒子，我們派個人過去，只要用點財幣就可以打動他的心了。於是劉邦派說客去，秦軍果然想講和。這時候張良又說：他服從了，部下的士卒未必服從，趁將領動搖，秦軍無備，趕緊攻打他們。劉邦依計而行，秦軍大敗。這個故事是說，當你動搖的時候，就是你最容易被打敗的時候。打敗你的不是敵人，恰恰是你自己。

　　楚漢爭雄，雙方相持於廣武西山頭。數月僵持，項羽等的有些不耐煩，立起鍋子，拖出劉邦父親，向劉邦喊話說：你再不下來應戰，我就把你的父親煮了王八湯。劉邦答道：當年我

第十章　趣聞軼事

與你反秦時約為兄弟，我父就是你父。你如果想將你的父親煮了王八湯，別忘了分兄弟我一杯肉羹。項羽很無奈：連父親都不要了，算你小子狠！

西漢時，有個叫匡衡的勤奮好學，但家中太窮了，白天要工作，晚上又沒有蠟燭照明。鄰家有燈燭，但光亮照不到他家，匡衡就在牆壁鑿了一個洞引來鄰家的光亮，讓光亮照在書上來讀。同鄉有個大戶人家，家中有很多書。匡衡就到他家去做雇工，又不要報酬。主人感到很奇怪，問他為何，他說：「主人，我想讀遍你家所有的書。」主人聽了，深為感嘆，就把書借給他讀。後來匡衡成了大學問家。

秦末，楚懷王與眾人約定：先入關者為王。結果項羽在鉅鹿遭遇秦軍主力，劉邦卻趁著項羽與秦軍主力廝殺之際搶先入關。項羽大怒，老子在前線出生入死，卻被你小子下山摘了桃，太不公平了！項羽入關中後大封天下，對於劉邦左右為難：封你做關中王吧，我又不願意；不封吧，我又會失信於天下，如何是好？左思右想，項羽終於想出了一個辦法：把巴、蜀之地封給劉邦。不服？誰說巴、蜀之地不屬於關中了？乖乖上路吧！

西元前204年，楚漢對壘，天下被戰爭拖得疲敝不堪。項羽沒有耐心，眼看戰局僵持不下，突發奇想，乾脆向劉邦傳話：「天下大亂，只因為我二人。乾脆我們一對一單挑算了，你贏了天下歸你，我贏了你從哪裡來回哪裡去，免得連累天下百姓，你看如何？」劉邦的反應則是：「你當我傻啊？我寧可鬥智，也

不跟你鬥力。」弄得項羽徒呼負負。

薄姬本是魏豹的姬妾。一次,相士許負替薄姬相面,一見薄姬,頓時大驚失色,道:「她日後要生下天子,成為世間第一貴婦人!」魏豹一聽,喜上眉梢,以為自己有天子之份,立即背棄自己和漢王劉邦所訂的攻楚盟約,想來個坐山觀虎鬥,結果被劉邦收拾了。薄姬被俘,劉邦臨幸了薄姬,薄姬不久就生下了劉恆,即後來的漢文帝。魏豹不會想到,薄姬雖是天子之母,自己卻沒有天子之父的位份。

劉徹有一次到柏谷去打獵,晚上在一家客棧投宿,人多馬雜的,劉徹和手下侍衛又一派很傲慢的樣子,對店老闆大聲吆喝。店老闆很生氣,準備在三更天後將這夥來路不明的人綁赴衙門。不過老闆娘卻多了個心眼:瞧那帶頭的氣宇軒昂、長相不凡,估計來頭不小,可別自找麻煩。於是把老公給灌醉了,捆了起來,然後親自殺雞宰鴨招待劉徹。劉徹後來得知事情的經過,大加賞賜這位老闆娘。店老闆得知這個紈褲子弟就是當今皇上,嚇出了一身冷汗。不過劉徹也沒難為他,升遷他為羽林郎。

寧成當下級時一定要欺負上級,當上級時對待下級又苛刻嚴酷。武帝繼位後,寧成被叛處剃髮和以鐵縛脖子,他私刻假的相關文件逃回家中。寧成說:「當官做不到二千石一級的高官,經商賺不到一千萬貫錢,怎能同別人相比呢?」幾年後成了大富豪。皇帝想起用寧成,御史大夫公孫弘勸諫:「我昔日在山

第十章　趣聞軼事

東做小吏，寧成為濟南都尉，治民就像用狼來放羊一樣，不能讓寧成來治民。」於是讓寧成為關都尉。一年多後，出入關口的人都揚言說：「寧見乳虎，也不要遇見寧成發怒。」

西漢時期廣川惠王劉去寵愛陶望卿，招致王后昭信的嫉妒，對其懷恨在心，千方百計要置陶望卿於死地。一次，陶望卿充當裸體模特兒，請畫工為她畫像。此事被昭信得知，昭信誣告陶望卿和畫工之間有姦情。劉去最怕別人說他戴綠帽子，從此不再寵愛陶望卿。失去了劉去的保護，昭信開始變本加厲折磨陶望卿，最後將其迫害致死，死狀極慘。

劉歆，劉邦四弟楚元王劉交五世孫，西漢後期的著名學者，古文經學的真正開創者。當時有預言「劉秀」將會取代王莽，恢復漢朝。國師劉歆人品不太好，聽到這個消息後，投機取巧，把自己的名字改成了「劉秀」，然後預謀推翻王莽自己當皇帝，結果事情敗露，自殺身死，這名字算是白改了。

漢元帝時有個叫楊興的，是個馬屁高手。當初周堪和宦官石顯苦鬥時，楊興先投到了周堪的陣營毀石顯，後來看風向不對，又回過頭來向石顯示好。石顯的報復心極強，凡是得罪過他的一概不放過，對於楊興這種兩面派的嘴臉更是看不慣，直接廢了楊興的官職。楊興想在政治上投機，結果只能自嘗苦果。

劉邦當上皇帝之後，每隔五天去看他父親，如家人父子禮。劉太公的家令是個馬屁精，他提醒劉老爹：天無二日，土無二王。你兒子現在是皇帝了，你怎麼還可以以爹自居呢？你應該

考慮到你兒子的威嚴。劉老爹很彆扭，兒子再來的時候，就抱著掃帚倒退走。劉邦大喜，封了劉老爹為太上皇，然後給了這個馬屁精五百金。

漢朝名將衛青和霍去病的身分都是私生子。衛青的父親叫鄭季，在平陽侯曹壽家裡當一個小吏。鄭季和曹家一個姓衛的妾私通，一連生下了二男一女，其中最有名的是姐姐衛子夫和弟弟衛青。兄妹三人都隨母親的姓。霍去病是平陽公主府的女奴衛少兒與平陽縣小吏霍仲孺的兒子，這位小吏不敢承認自己跟公主的女奴私通，於是霍去病只能以私生子的身分降世。不過他沒有像舅舅衛青那樣改了父姓，他還是姓霍。私生子就私生子，你看不起嗎？誰不服，來跟我比劃比劃？

王夫人病重，漢武帝親自探望，問她：「妳的兒子應當封為王，妳要封他在哪裡呢？」王夫人回答說：「希望封在洛陽。」武帝說：「這個不行。洛陽有兵器庫、大糧倉，又位於交通關口，是天下的咽喉要道。從先帝以來，相傳不在洛陽一帶封王。不過關東一帶的封國，沒有比齊國更大的，可以封他為齊王。」王夫人用手拍著頭，說道：「太幸運了」。王夫人死後，就稱為「齊王太后逝世」。

光武帝遇困，讓王霸到邯鄲街市去招兵。王霸跑到街市振臂慷慨高呼：「各位，為了推翻黑暗腐朽的（略去幾百字）。」語畢馬上圍攏一群人，看著王霸，忽然哄堂大笑起來。有人高喊：「好啊！再來一個！」啪啪啪拍手。有人「噯噯」吆喝，狀若觀看

第十章 趣聞軼事

耍猴。王霸一看,臉紅如猴子屁股,捂著臉跑回去找光武帝。

武帝晚年喜好方術。方士李少君求見武帝,說自己七十歲,能驅使鬼物,能種穀得金,有長生不老的方術,還擅用藥物,能讓人返老還童。一次和田蚡一起宴飲,李少君說自己曾經和一位九十多歲的老人的祖父一起遊覽射箭。又有一次,李少君辨出了皇帝一件在齊桓公十年時的銅器,讓武帝和朝臣驚訝不已。他還說自己見過安期生,去過蓬萊仙島。武帝信以為真,派人去尋找蓬萊山和安期生。李少君死後,武帝認為他並沒有死,只是身體與靈魂分化而已。

淖姬是嫁過三個諸侯王的傳奇美姬。淖姬第一個男人是漢景帝的兒子江都王劉非,被封為美人。劉非死後,兒子劉建在他父王還沒有下葬,他還在家辦喪事時,就迫不及待地把淖姬給睡了。劉建後來畏罪自殺,淖姬又嫁給了劉非的弟弟劉彭祖,還生了一個兒子淖子。劉彭祖死後,漢武帝問在皇宮裡當太監的淖姬的哥哥:「淖子這孩子怎麼樣?」淖姬的哥哥答:「為人多欲。」漢武帝說:「一個人太多欲了,對他的國民是不利的啊!」淖姬的兒子就這樣與趙王的位子失之交臂。

張豐本是個好青年,有個道士替他掛了個五彩囊,說裡面的石頭孕著玉璽,張豐一聽,馬上就起兵造反了。光武帝派大耿等將領將張豐給擒拿了。死到臨頭,張豐還跟這幾個人說:「我肘下的石頭裡有玉璽。」大耿他們將石頭砸破,裡面什麼也沒有。張豐頓足嘆息:「牛鼻子老道騙我!」

竇太后溺愛幼子劉武，恨不得讓他登上皇位，景帝對這位弟弟也很是喜愛。一次家宴上，景帝對劉武說：「我千秋萬歲後，把皇位傳給你。」劉武口上辭謝，內心十分歡喜，竇太后更是喜不勝收，姪子竇嬰進諫道：「父子相傳，是漢代的祖制，怎可如此。」竇太后對竇嬰懷恨在心，沒幾天就下令把竇嬰從皇戚的名冊中除名。劉武最終與龍椅無緣，他病死後，竇太后整日涕泣，不吃不喝，經常大罵：「皇帝果然殺了我兒！」景帝很尷尬，劉武病死乃是天命，關我什麼事啊？

蜀地卓氏的祖先是趙國人，靠冶鐵致富。秦國擊敗趙國時，遷徙卓氏，夫妻二人推著車子去往遷徙地方。其他同時被遷徙的人，稍有多餘錢財，便爭著送給主事的官吏，央求遷徙到近處葭萌縣。卓氏說：「葭萌地方狹小，土地瘠薄，我聽說汶山附近是肥沃的田野，地裡長著大芋頭，形狀像蹲伏的鴟鳥，人到死也不會挨餓。那裡的百姓容易做買賣。」結果被遷移到臨邛。卓氏很高興，就在有鐵礦的山裡熔鐵鑄械，最終大發其財。

新莽末年，水、旱等天災不斷，老百姓窮困潦倒，沒有吃的。身為皇帝的王莽也著急啊，怎麼辦呢？有一天，王莽的頭腦中冒出了一個想法：他讓各級官員教百姓用木頭、樹皮之類煮成的糊狀物，先祭祭五臟廟。不過效果卻不怎麼樣，這東西嚥不下去，塞嘴裡一嚼，立刻就吐了。

昌邑王喜好遊玩，不務正業。中尉王吉勸說他道：「貪於遊玩，冒著夏天的酷暑，冬天的嚴寒，不是養生之道。大王應

第十章　趣聞軼事

該勤政，學習堯帝，舜帝的為人，得到天下的愛戴。才是其樂無窮的事情。」劉賀雖然不守正道，但還知道敬重禮遇王吉，說道：「我的修養品行不可能沒有懈怠之處，中尉是忠臣，三番四次指出我的缺點。」但是稍稍收斂後又放縱起來。

燕王劉旦謀反事敗，自殺前，信口唱道：「歸空城兮犬不吠，雞不鳴，橫術術即道路。何廣廣兮，固知國中之無人！」他最寵愛的華容夫人隨著歌聲翩翩起舞，和唱道：「發紛紛兮填渠，骨藉藉兮亡居，母求死子兮妻求死夫，徘徊兩渠間兮，君子將安居？」眾人聞之，無不黯然淚下。

郭泰家世貧賤，早年喪父，與母親相依為命，慘淡度日。長大成人後，母親想讓他去縣衙中謀個差事，聊以改變往日的窘迫處境。但郭泰素有大志，豈願與衙門的那些鄙猥小人為伍，說：「大丈夫哪能從事這種下賤的工作呢？」於是推脫不去。

黃霸當丞相時，一天，大群鳥雀飛集於丞相府。黃霸大喜，把這群異鳥視為神雀，準備把這件事告訴皇上。不料張敞搶先送上了一封奏章說，黃霸所稱的神鳥，其實只是些鷃雀，而且他有足夠的證人，因為那天正值全國各地上計官員集中丞相府彙報工作，起碼有幾百人看到了這群鳥是從他家裡飛過來的。鷃雀雖然在關中稀罕，但從邊郡來的官吏應該不會陌生，可那天卻集體裝糊塗，完全是因為丞相的關係。宣帝於是叫來黃霸好生訓誡了一番。

傅昭儀一心想當皇后，為了讓兒子劉康取代皇太子的地

位，鼓動元帝廢劉驁立劉康為太子。元帝回去後對駙馬都尉史丹說，劉康多才多藝，是個人才，太子比不上他，言語間流露出廢立之意。史丹連忙進諫道：「臣以為，治國之才，莫如聰明好學的皇太子，假若陛下以絲竹磬鼓為才能，則黃門鼓吹郎陳惠和李微兩人，便能代替丞相匡衡，何不請他們兩人為丞相呢？」元帝這才暫時收起了廢立的念頭。

劉邦有一次看見一些將領坐在沙地上議論，問張良：他們在做什麼呢？張良說他們在預謀造反。劉邦大驚，問為何要造反。張良答：陛下當天子後，所封皆蕭、曹故人所親愛，而所誅者皆生平所仇怨。他們擔心您秋後算帳，所以才相聚謀反。劉邦問，那怎麼辦啊？張良答，好辦！你平生最恨的人是誰？劉邦說是雍齒。張良說你現在就封雍齒為侯。群臣見雍齒都被封賞，就不會再起疑心了。劉邦便擺設酒宴，封雍齒為什方侯，人心大定。

馮衍是馮奉世的重孫，飽讀經典，立志做個忠義之人，對更始帝忠心耿耿，有將領投降光武帝，馮衍去信怒斥。結果光武帝得天下，他沒辦法，跟鮑宣的兒子鮑永也過去投靠了。光武帝對他很有意見，已經得志的鮑永對他說：「兄弟，別灰心，會有出頭的一天。」馮衍對此不以為然，說：「也許吧。有人挑逗別人的老婆，大老婆怒斥了這個人，小老婆從了他，兩人勾搭上了。後來兩個女人的丈夫去世，好事者做紅娘，將這兩個女人說媒嫁給那個人了，那個人娶了大老婆，卻不要小老婆。

第十章　趣聞軼事

有人問，你不是跟小的有一腿嗎？這個人說，是別人的就希望跟我有一腿，是我的就希望罵別人。」高手！我也這麼想。

中行說到匈奴後叛變，漢使與之辯論。漢使：「中國有尊老的傳統，把好吃的留給長輩，而匈奴卻讓老年人吃粗食，年輕人大吃大喝。」中行說：「我們匈奴人崇尚武力，老人不能參加戰鬥，給他們也是浪費；年輕人要殺敵立功，當然要吃得好。」漢使：「匈奴人在父親死後，兒子娶庶母，兄長死後，弟弟娶嫂子，這是亂倫。」中行說：「這是為了防止宗族滅絕。漢人滿口倫理道德，卻使親族日疏、互相殘殺，這個現象還少見嗎？」漢使又說匈奴不懂禮儀，中行說答正因為沒有禮儀上的約束，匈奴人做事更方便。

張安世的長子張千秋與霍光的兒子霍禹同為中郎將，曾一同率兵征討烏桓，得勝還朝。霍光召見二人，問張千秋戰鬥方略、山川形勢，張千秋對答如流，畫地成圖，無所忘失。而問霍禹，霍禹記不住，說「皆有文書」。由此，霍光知道張千秋是賢才，而對自己兒子的無能深感痛心，嘆道：「霍氏世衰，張氏興矣！」

石建任九卿之一的郎中令時，秉承其父謹言慎行的作風。有一次，他上書給皇帝奏事，奏摺批下來後，石建將自己奏章復看一遍，忽然發現自己寫了一個錯別字，嚇了一跳，原來是把馬字寫錯了。馬字下面一彎，是個馬尾，連著四點，算是馬足，共有五畫。而石建只寫四畫。給皇帝的奏章居然出現了錯別

字,這還了得?石建心內惴惴不安,後見武帝並未提起此事,方始放心。

新莽末年,地方起義風起雲湧。王匡、王鳳集結了一批饑民發起起義,他們占領了綠林山(今湖北大洪山)作為根據地,所以他們被稱為綠林軍。樊崇等為首帶領的這支地方起義軍比較有個性,他們打仗時為了辨別敵我雙方,一律將眉毛染紅,示別於政府軍,故稱作赤眉軍。

文帝有一次在未央宮祭神的宣室接見賈誼。當時祭祀剛完,祭神的肉還擺在供桌上。文帝向賈誼詢問有關鬼神的事。也許是賈誼對於鬼神有獨到的見解,使文帝感到很新鮮,聽得津津有味,甚至挪到賈誼跟前,直到半夜方止。事後,文帝感嘆不已地說:「我好久沒有見到賈生了,自以為學問趕上了他,現在聽了他的談話,還是不及他啊!」不過,李商隱對此不以為然,寫了一首絕句來抨擊漢文帝:「宣室求賢訪逐臣,賈生才調更無倫。可憐夜半虛前席,不問蒼生問鬼神。」

一次,漢武帝來到甘泉,路遇一種蟲子,紅色,頭、眼、牙齒、耳、鼻一應俱全,圍觀的人都不知道這是什麼蟲子。武帝讓東方朔來看看。東方朔回答:「這個蟲子的名字叫怪哉。以前很多無辜的百姓遭到關押,大家怨聲載道,都仰天長嘆『怪哉,怪哉』,於是感動了上天,造出這種蟲子,叫『怪哉』。此地以前一定是秦國監獄。」武帝派人檢視地圖,果然如東方朔所言,這裡以前是秦國的監獄。武帝又問:「怎麼能夠消除這些蟲

第十章　趣聞軼事

子呢？」東方朔說：「所有憂愁，都可以以酒來解決。用酒澆著小蟲子，必然就消失了。」於是武帝派人把小蟲子放到酒裡，一會兒小蟲子就化為粉末，消失了。

秦末天下紛爭，水澤強盜彭越被澤中年輕人推為首領要他領兵造反。彭越推諉不過，只好答應，但他要求部眾次日太陽出來時必須聚眾集合，遲到者殺頭，結果第二天有很多人遲到。彭越一看，這麼多人遲到，不可能都殺掉，只好委屈最後到的那人了。眾人不信，彭越你在開玩笑吧，我們可都是老鄉啊！彭越也不多廢話，直接過去把那人一刀殺了。眾人大駭。跟我混，就得聽我的話，要不然，別怪我不客氣！經此一事，彭越部下的紀律瞬間提升數倍。

東漢時已流行幻術。永寧元年，西南夷撣國王帶來了一支魔術團隊，能口吐烈火，自我肢解，交歡牛馬頭。漢安帝劉祜與群臣看得如痴如醉，只有諫議大夫陳禪藉昔日齊、魯為夾谷之會，齊作侏儒之樂，孔子誅之的故事，上書反對設夷狄之技，尚書陳忠卻認為撣國長途跋涉，萬里貢獻，非鄭衛之聲，佞人之比。陳禪譭謗議論朝政，應當被關進監獄。

相傳漢武帝的母親王姝懷孕時夢日入懷。景帝也夢見高祖皇帝劉邦對自己說：「王美人得子，可名為彘。」等孩子出世後，就起名為劉彘。七歲時，他的父親漢景帝把他的名字改為「劉徹」。彘是小野豬的意思，古人為了表示對孩子的愛，經常拿動物，尤其是野生動物名字命名。比如，呂后叫呂雉，而雉本是

野雞的意思，唐高宗小名叫雉奴，魏王李泰叫青雀。

漢元帝劉奭的身體一直不好，二三十歲，年紀輕輕的，身體就不行了。30多歲時，有個叫張博的外戚寫信給劉奭的弟弟淮陽王劉欽，說「陛下春秋未滿四十，髮齒墮落」，顯然一點也不誇張。

婁敬到隴西戍守邊塞，路過洛陽，當時劉邦正住在那裡。婁敬進城後就摘下拉車子用的那塊橫木，穿著羊皮襖，去見齊人虞將軍說：「我希望見到皇帝談談有關國家的大事。」虞將軍要給他一件鮮潔的好衣服換上，婁敬說：「我穿著絲綢衣服來，就穿著絲綢衣服去拜見；穿著粗布短衣來，就穿著粗布短衣去拜見。我是絕不會換衣服的。」虞將軍只好把婁敬的請求報告給劉邦。劉邦一聽，這人有點意思，於是召婁敬進宮來見，還賜給他一碗飯。

呂氏族人被誅殺後，大臣商議要讓劉邦的嫡孫齊王劉襄繼皇帝位，可是琅邪王和一些大臣堅決反對：「齊王的母舅駟鈞是個大壞蛋。剛剛由於呂氏的緣故幾乎使天下大亂，現在又要立齊王，是想要再出現一呂氏呀！代王的母家薄氏，是忠厚君子，況且王又是高帝的親生兒子，如今還在，並且最年長。以親子來說，名正言順；以善良人家來說，大臣們都會放心。」大臣們一聽就說，琅邪王說的對呀！於是迎立代王劉恆為帝。劉襄就這樣和皇位擦身而過。

地皇二年，有人向王莽進言說上古時，黃帝建造了一輛華

第十章　趣聞軼事

蓋車而成仙。王莽也想試試，於是為自己建造了一個華麗的馬車，馬車上有一個華麗的傘蓋，共九層，高八丈多，上面還有著金子打造鑲嵌羽毛的裝飾，非常美麗。王莽還用內設機械的四輪大車裝載，套著六匹馬，由裹黃巾、著黃衣的三百名力士護衛，車上的人敲著鼓，拉車的人則呼喊「登仙」。王莽外出時就讓它在前面。百官在底下竊竊私語：「這哪像仙物？明明是靈車嘛！」

陳平少年時與兄長住在一起，有田 30 畝，哥哥包攬了耕作的農活，讓陳平在外遊學。陳平有一張漂亮的臉蛋，走在街上有很高的回頭率。有人不免問，為何陳平貧困卻又如此俊美，到底吃的是什麼？陳平的嫂子痛恨陳平遊手好閒吃白食，隨口答道：「也不過是吃糠罷了。這樣的小叔子，還不如沒有！」陳平的哥哥聽到這話，大怒，將妻趕出家門。有兄如此，夫復何求？

有個叫陳遵的，早年讀了些詩書，文采不錯，尤其擅長書法，他寫給別人的信簡，都被對方小心珍藏起來以為榮耀。陳遵在上流社會混得不錯，皇親國戚、王公貴族、文武百官都很尊敬陳遵，唯恐怠慢了他。當時有一位和陳遵同名同姓的人，看陳遵很受人尊崇，於是他每次走訪到別人門前時便喊一聲「陳孟公到」，四座皆驚，等他進了門，發現不是那個陳遵，因此便稱此人為陳驚坐。

劉邦未發跡前，常帶朋友到大嫂家蹭飯。大嫂不勝其煩，

一次,故意以勺刮釜,以示「羹盡」,諸位都散了吧。劉邦過去揭開鍋蓋,看到釜中還有羹,心裡便記了嫂子一筆帳。後來劉邦當了皇帝,將二哥立為王,大哥已死,其子不得封侯。劉邦父親出來說情,你小子現在發達了,就忘了自家人了。劉邦說:「我沒忘,只是他母親太不像話。」後來封姪子劉信為羹頡侯。羹頡者,用勺子刮鍋底也。劉邦藉這個封號狠狠地惡搞了劉信一把。

漢武帝讓大臣玩猜物遊戲,東方朔連連猜中。郭舍人不服氣,對武帝說:我放物叫東方朔猜。他猜中了,打我一百板子;他猜不中,請皇上賞賜給我帛。武帝說沒問題。郭舍人將依附樹上生長的寄生置放在盆底下,讓東方朔來猜。東方朔說:是頭上頂盆用的墊圈。郭正要得意,東方朔說:生肉叫膾,乾肉叫脯。放在樹上就叫寄生,放在頂盆底下就叫墊圈。郭舍人挨板子,疼痛難忍,大聲呼叫。東方朔笑道:嘴上沒毛,喊聲嗷嗷,屁股越抬越高!郭生氣了,告東方朔誹謗皇上的侍從官。東方朔說自己說的是隱語:「口無毛,指的狗洞。聲嗷嗷,指的是母鳥哺育小鳥崽。尻益高,指的是鶴俯身吸食兔子。」郭舍人還不服,胡說八道一番讓東方朔猜,不料東方朔還是應答如流,讓眾人大開眼界。

侯覽因參與謀劃剷除梁冀有功,被封為高鄉侯。侯覽任官期間,專橫跋扈,貪婪放縱,先後奪了民宅381所,田地118頃,建造宅第16處,都有高樓池苑,樓閣高堂相連,規模宏

第十章　趣聞軼事

偉,這已經是屬於僭越的行為。不僅如此,侯覽還預先修造自己的陵冢,建造石槨雙闕,破人房屋,掘其墳墓;劫掠善良百姓,搶奪良家女子為妻。侯覽的暴虐行徑最終嘗到了苦果,他最後被人舉報,被迫自殺。

西漢時,長安有個儒生叫惠莊,聽說朱雲對於易的講解讓著名的儒家學者五鹿充宗都拜服,嘆道:「初生牛犢反而能做到,我終究以淹死溝中為辱。」於是帶了乾糧去拜朱雲為師。朱雲與他談論,惠莊答不上來,遲疑了好久才離開。回去後,他用手拍著心口對別人說:「我的嘴雖然不那麼能言善辯,但我心裡的學問可多著呢!」

劉強,東漢光武帝嫡長子,其母郭聖通被立為皇后,劉強為皇太子。後來郭皇后爭寵被廢,劉強一直心神不寧,他老懷疑父親下一步是廢黜自己,越想越覺得心中不安,惶惶中他接受親信的建議,請求辭去太子之位,表示自己非常想做外藩親王。劉秀一開始不忍,沒有答應,但在劉強的一再堅持下,只好改封他為東海王,立劉莊為太子。

漢朝在關中咸陽建都後,出於對關東人的不信任,發表了一系列歧視關東人的政策措施,如:東人不得進入宮廷,擔任警衛職務;凡在關東諸侯王處任職的士人,不得出任中央政府的官員;關東人進入函谷關,必須登記並留下憑證,出關時要複核勘驗等。武帝把關中的土地分給了當朝功臣,只封了個關外侯給楊僕。楊僕因「恥為關東民」,自掏腰包,把函谷關從原

址遷徙到自己家鄉的東面，讓自己成為關中人。

　　王莽當了新朝皇帝後，改制不成，反而造成社會經濟大混亂。有一次，王莽聽說有一個城市餓死了很多人，就問這座城市的官員，到底是怎麼回事。官員說，這些餓死的人，都是從外地來的流民。王莽一看，街上賣高粱飯的，賣肉羹的小店都開著張，生意還不錯，官員端來了一碗肉羹給王莽，您看，本地人的夥食好著呢！王莽這才放心。不過王莽不知道，他眼前所看到的這一切都是被安排好了的，王莽一不小心，成了這部戲的主角。

　　未央宮落成後，劉邦在未央宮前殿舉行酒宴，大會諸侯群臣。劉邦想起自己以前不喜勞動被父親責罵的往事，拿起玉石酒杯，站起來為太上皇祝壽，說：「當初父親總認為我是個無賴，不會治理家業，不如二哥劉仲得力。今天我成就的事業與二哥相比誰的多呢？」得意之情溢於言表。殿上群臣都高呼萬歲，大笑取樂。

　　足球在中國古代被稱為「蹴鞠」，亦稱「蹋鞠」。漢朝建立後，把蹴鞠視為「治國習武」之道，不僅在軍隊中廣泛展開，而且在宮廷貴族中普遍流行。當時已經有了專業的書籍《蹴鞠二十五篇》，這是中國最早的一部體育專業書籍，也是世界上的第一部體育專業書籍。漢武帝在宮中經常舉行以鬥雞、蹴鞠比賽為內容的「雞鞠之會」，哀帝的寵臣董賢家中也養了會踢球的「鞠客」，類似於今天的足球明星。

第十章　趣聞軼事

王莽的新王朝在起義軍的打擊下潰敗，王莽帶領群臣到了南郊，對上天哭訴自己的功勞：「皇天既然把天命授於了王莽，為什麼不讓賊寇滅亡呢？要是上天覺得我王莽不對，那就打雷來劈死我好了！」王莽不僅自己哭，還讓儒生和百姓早晚都哭，並為他們設了粥棚。大臣們一看，皇上都哭了，我們還等什麼？當即哭開了，有的呼天搶地，有的捶胸大哭，有的哭不出來的乾脆乾嚎。據統計，這樣的優秀表演藝術家共有五千多人。

文帝有一次派內侍中行說隨同和親隊伍出邊塞，中行說不想去，漢廷強行派遣。怨恨之下，他詛咒說：「非讓我去不可，我一定會報復，把漢室攪得不得安寧。」文帝當他在說氣話，不以為意。中行說一到匈奴，立即向匈奴投降，竭力勸說匈奴不要太看中漢朝絲綢、美食，還教給匈奴人記數方法，破壞漢匈兩國的友好關係。漢帝國本來想透過和親政策來羈縻匈奴，不料文帝苦心積慮的和親政策卻幾乎毀於中行說一人之手。劉恆很後悔：真是搬石頭砸了自己的腳了！

漢昭帝始元五年，都城長安，有個男子，打著黃旗，乘著黃牛車，自稱是武帝太子劉據，引來大批群眾圍觀，甚至驚動了昭帝，派了級別為兩千石的官員前去辨認，一時間京城的氣氛有些微妙。時任京兆尹的雋不疑抓回去一審，果然是個冒牌貨：本來是個算命先生，家住湖縣（也就是當時衛太子死的地方），因為有人說他長得像衛太子，於是起了歹念，想渾水摸魚，結果把自己送進了監獄。

相傳漢朝時，有一女孩叫佳兒，年方二八，父母早亡，居住在姨媽家。她和一李姓書生相愛，書生每次偷偷去和佳兒相會，每每欲親暱皆因姨媽來而止。兩人結婚之日，不巧佳兒來月事，書生入洞房欲親熱，佳兒羞澀卻又不好明言，靈機一動，說今晚大姨媽要來，書生也是聰明人，立時明白過來，只好不再要求房事。「大姨媽」這個詞語由此流傳開來。

東漢靈帝劉宏時，宦官專政、腐敗橫行，公開出售官職，小到地方官，大到三公九卿等要職一律明碼標價，公開出售。如競爭激烈，則投標競價，價高者得。一個叫崔烈的人，用500串銅錢買了個相當於丞相的司徒官職。人們雖對崔烈的醜行議論紛紛，但當著他的面誰也不敢談及此事。一天崔烈問兒子崔鈞：「吾居三公，外邊人是怎麼議論的？」兒崔鈞據實相告：「論者嫌其銅臭。」這就是銅臭一詞的來歷。

王莽的兒子王宇因勸諫父親不成，被逮捕入獄後，迫其飲鴆而死。當時任職亭長的逢萌對友人說：「君臣有義、父子有親、夫婦有順，是人世間最重要的綱紀，如今王莽無情的殺害其子，三綱已滅絕，再不離去，恐怕大禍就將臨頭！」於是趕緊取下官帽，掛在東都的城門上，遠離是非之地。回家後帶著家屬全家坐船到遼東作客去了。這之後，逢萌掛冠的舉動就被當作辭官、棄官的代稱了。

漢宣帝時期，穎川太守趙廣漢善於學習和思考，特別擅長「鉤距」，即一種數學推理。比如，如果想了解馬的價格，就先

第十章　趣聞軼事

問問狗的價格,再問羊的,再問牛的,最後再問到馬的價格,然後把彼此的價格比較驗算,就可知道馬價的貴或賤而不會失實了。這個故事後來衍生出一個成語叫「問牛知馬」,即比喻從旁推究,弄清楚事情真相。

漢哀帝寵愛董賢,兩人常同車而乘,同榻而眠。一次,哀帝早晨醒來,見董賢還睡著,哀帝欲將衣袖掣回,卻又不忍驚動董賢。可是衣袖被董賢的身體壓住,不能取出,一時性急,哀帝竟從床頭拔出佩刀,將衣袖割斷,然後悄悄出去。這在古代叫有「斷袖之癖」,在現代叫做同性戀。

館陶長公主有一次抱著劉徹問:「徹兒長大了要討媳婦嗎?」當時還是膠東王的劉徹說要啊!長公主於是指著左右宮女侍女百多人問劉徹想要哪個,劉徹搖了搖頭,都說不要。最後長公主指著自己的女兒陳阿嬌問:「那阿嬌好不好呢?」劉徹於是就笑著回答說:「好啊!如果能娶阿嬌做妻子,我會造一個金屋子給她住。」長公主見阿嬌和劉徹年紀相當,就同意為陳阿嬌和劉徹這對姑表姐弟親上加親訂立婚約,劉徹成年後立阿嬌為皇后。成語金屋藏嬌即出於此。

張湯年幼時,一次,父親外出,臨走時一再囑咐張湯好好看家。誰知張湯在家沒留意,讓老鼠把盤裡的肉偷走了。父親大怒,鞭笞張湯。張湯心裡很委屈,隨即抄了老鼠窩,抓住了偷肉的老鼠,並找到了吃剩下的肉,然後立案拷掠審訊這隻老鼠,傳布文書再審,徹底追查,並把老鼠和吃剩下的肉都取

來,確定罪名,將老鼠在堂下處以磔刑。父親看見後,取來他審問老鼠的文辭一看,文詞嚴謹,非常驚奇,於是讓他寫治獄文書。父親死後,張湯繼承父職。

終軍,濟南人,自小好學,年少時已是博學多才。武帝為加強與南越的關係,召南越王及王太后入朝,終軍挺身而出,請求擔當這一重任:「願受長纓,必羈南越王而致之闕下。」武帝答應了他的請求。「請纓」也因此而成為為國勇擔重任的代用語。王勃在〈滕王閣序〉中寫道:「無路請纓,等終軍之弱冠。」「請纓」這個典故,就出自終軍。

韓信年輕時家庭貧困,沒有飯吃,經常跑到南昌亭長家蹭飯吃。亭長妻子討厭韓信老來吃白食,一天大清早燒好早飯,在床上就吃掉了,等到韓信按時來時,已沒有飯。韓信大怒,轉身離去,發誓再也不去亭長家了——吃白食吃得這麼囂張?!韓信也算是一奇人了。

王莽篡漢那一年,孫悟空剛好被如來壓到五行山下。不信?吳承恩在《西遊記》中都寫了,唐僧問獵人劉伯欽五行山的來歷,劉伯欽這樣回答:「這山舊名五行山,因我大唐王征西定國,改名兩界山。先年間曾聞得老人家說:『王莽篡漢之時,天降此山,下壓著一個神猴,不怕寒暑,不吃飲食,自有土神監押,教他飢餐鐵丸,渴飲銅汁。自昔到今,凍餓不死。』」

漢朝的制度比較特別,後宮女子一律都穿著開襠褲,而且開襠褲裡面什麼也不穿。原因也很簡單,漢靈帝是個極度追求淫

第十章　趣聞軼事

慾的皇帝，在後宮中看中哪個女子長得漂亮就拉到床上交歡。宮女穿開襠褲，皇帝臨幸起來也方便，連衣服都不用脫。漢朝的官員和宮人也大多穿開襠褲，別誤會，那是應付長袍衣著解手不方便的需求。老百姓則大多是短衣打扮，由於大多衣服不過膝蓋，所以，他們的褲子則必須是封襠的。

竇太后喜好黃老之言，有一次召來轅固問他讀《老子》的體會。轅固生說：這不過是普通人的言論罷了。竇太后惱怒道：「它怎麼能比得上管制犯人似的儒家詩書呢！」將轅固投入豬圈裡與野豬決鬥。漢景帝明知轅固生言之有理，卻又眼見竇太后生氣，不敢勸阻，暗中給了轅固一口上等利刀。轅固生持刀下欄鬥野豬，一刀正中其心，野豬應聲而倒，竇太后無語，沒理由再治他的罪，只得作罷。

陳遵的祖父名叫陳遂，漢宣帝在民間的時候和他關係不錯，兩個人經常下棋賭錢，陳遂不是漢宣帝的對手，每次都輸，結果欠下很多賭債。後來漢宣帝當了皇帝，此時陳遂已死，陳遵為太原太守，漢宣帝發了一個詔書給陳遵說：「制詔給太原太守：現在你官尊祿厚，可以償還賭博時輸的錢了。你夫人君寧當時在場，知道實情。」陳遵有些性格，他說：「這些事都發生在元平元年赦令之前，不應再追究了。」漢宣帝一笑置之。

張竦博學多識，清廉節儉；陳遵放蕩不羈，吃喝玩樂。兩個人生活方式大相逕庭，但私下卻是好朋友。陳遵上班時，高車大馬，衣著奢華，每天出去飲酒，大醉而歸，公事也被耽誤

了,結果遭到了上官的批評。伺候他的小吏總是到官舍中通告陳遵受了責備,陳遵說:「等滿一百件再來告訴我。」按規矩,被罰一百次的人要被斥退。後來滿一百件時,西曹請大吏斥退陳遵。司徒馬宮有些見識,他知道陳遵是個特殊人物,說:「此人大度士,奈何以小文責之。」不但沒撤職,還升了他的官。

天鳳六年春,王莽見盜賊很多,便下令太史推算出三萬六千年的曆法大綱,每六年改元一次,頒行全國。又下詔書:「《紫閣圖》說『太一和黃帝都成仙昇天,在崑崙山的虔山上演奏樂曲。後代得到祥瑞的聖主,應在秦地的終南山上演奏樂曲』。我這人太笨,沒有遵循,現在才明白。因此我打算重新稱寧始將軍為更始將軍,以順從符命的旨意。《易經》不是說過嗎?日新之謂盛德,生生之謂易。」王莽想用此舉來欺騙百姓和誇耀自己,使盜賊瓦解,結果只能被人嘲笑。

呂后掌權後,想立呂氏諸人為王。陸賈知道自己強力爭辯也無濟於事,因此就稱病辭職,在家中閒居。陸賈有五個兒子,他把財產分給兒子們,每人二百金,讓他們從事生產,自己則時常坐著馬車,帶著歌舞和侍從到處遊玩。他曾對兒子們說:「我和你們約好,當我出遊經過你們家時,你要伺候好我,十天換一家。我在誰家去世,寶劍車騎以及侍從人員都歸誰所有。我還要到其他的朋友那裡去,所以一年當中我到你們各家去大概不過兩三次,你們也不用總厭煩你們老子來打擾你們了。」

有一次,馬援在尋陽平定山林裡的叛亂分子時,上書給皇

第十章　趣聞軼事

帝說：「要剿滅盜匪就必須斷絕他們的老窩，只要除掉山林竹木，敵人就沒有藏身之地了。好比小孩頭上生了蟣蝨，剃一個光頭，蟣蝨也就無所依附了。」光武帝劉秀一看，覺得這辦法挺好，比喻也堪稱絕妙。讚嘆之餘，來了個臨場發揮，下令把宮中小黃門頭上有蝨子的，一律剃了個光頭。

漢武帝崇信鬼神追求長生術。一天與眾大臣聊天，說到人的壽命長短時，漢武帝說：「《相書》上說，人的人中長，壽命就長，若人中1寸長，就可以活到100歲。」東方朔聽後大笑，武帝問他笑什麼，東方朔說：「我不是笑陛下，而是笑彭祖。人活100歲，人中1寸長，彭祖活了800歲，他的人中就長8寸，那他的臉有多長啊！」眾人聞之大笑，看來想長壽靠臉長的確不可靠。怎麼辦呢？臉即面，那「臉長即面長」，那就用吃長麵條頂替吧！於是生日吃「長壽麵」的習慣就流傳了下來。

劉邦以一介布衣之身，在秦末風起雲湧的地方起義中脫穎而出，戰勝了強大的西楚霸王項羽，獨霸天下，開創了漢朝數百年輝煌基業。後世的遼太祖耶律阿保機是劉邦的鐵桿粉絲，他為了表達對劉邦的敬仰，兼姓劉氏；又以蕭何助劉，故變其母族、後族為蕭氏。

劉邦稱帝後，有一次親自率領軍隊征討英布，被流箭射中受傷，在歸途中傷重病倒。呂后請來一位醫術高明的醫生為劉邦看病，劉邦問醫生病情如何，醫生說：「病是可以治好的。」劉邦罵道：「我原本是一個平民，提三尺劍而奪取天下，這不是

天命嗎？命運由天定，即使是扁鵲來又有什麼用處呢？」說罷，劉邦賭氣不讓醫生替他治病，賞給他五十斤黃金打發走了。

明帝時，太后陰麗華的弟弟陰就的兒子陰豐，娶了明帝的妹妹酈邑公主劉綬為妻。不過這哥兒們人品不好，不但好色且性急火爆，再加上酈邑公主傲氣十足，兩口子發生口角，誰也不讓誰。有一次兩口子又吵架，陰豐一時失手殺了公主。劉莊很生氣，當著母親陰麗華太后的面，毫不留情地下達命令，將陰豐處斬，看你們以後誰還敢欺負公主？

枚乘是西漢辭賦家。他曾寫過一篇諷諭性作品〈七發〉：楚太子有病，吳客前去探望，吳客認為楚太子的病因在於貪慾過度，享樂無時，不是一般的用藥和針灸可以治癒的，只能「以要言妙道說而去也」。於是分別描述音樂、飲食、乘車、遊宴、田獵、觀濤等六件事的樂趣，一步步誘導太子改變生活方式；最後要向太子引見「方術之士」，「論天下之精微，理萬物之是非」，太子乃霍然而癒。

國家圖書館出版品預行編目資料

崩壞大漢史，劉氏皇朝的日常鬧劇：方士騙局 × 帝王奇行 × 巫蠱構陷 × 酷吏亂舞⋯⋯正史野史中最喧鬧的大漢，兩百年荒唐祕辛全揭密！/ 朱耀輝 著. -- 第一版. -- 臺北市：複刻文化事業有限公司, 2025.07
面；　公分
POD 版
ISBN 978-626-428-185-0（平裝）
1.CST: 漢史 2.CST: 通俗史話
622.09　　　　　　　114009397

電子書購買

爽讀 APP

崩壞大漢史，劉氏皇朝的日常鬧劇：方士騙局 × 帝王奇行 × 巫蠱構陷 × 酷吏亂舞⋯⋯正史野史中最喧鬧的大漢，兩百年荒唐祕辛全揭密！

臉書

作　　者：朱耀輝
發 行 人：黃振庭
出 版 者：複刻文化事業有限公司
發 行 者：崧燁文化事業有限公司
E - m a i l：sonbookservice@gmail.com
粉 絲 頁：https://www.facebook.com/sonbookss/
網　　址：https://sonbook.net/
地　　址：台北市中正區重慶南路一段 61 號 8 樓
8F., No.61, Sec. 1, Chongqing S. Rd., Zhongzheng Dist., Taipei City 100, Taiwan
電　　話：(02) 2370-3310　　傳　　真：(02) 2388-1990
印　　刷：京峯數位服務有限公司
律師顧問：廣華律師事務所 張珮琦律師

-版權聲明

本書版權為淞博數字科技所有授權複刻文化事業有限公司獨家發行電子書及紙本書。
若有其他相關權利及授權需求請與本公司聯繫。
未經書面許可，不可複製、發行。

定　　價：299 元
發行日期：2025 年 07 月第一版
◎本書以 POD 印製